ちくま新書

カラー新書

駅をデザインする

赤瀬達三
Akase Tatsuzo

1112

カラー新書

駅をデザインする【目次】

はじめに

✝案内サインの世界へ

大学三年（一九六八年）の秋に、大学紛争の影響で授業が止まった。翌年の初めに東大安田講堂事件が起こり、その年の夏には紛争校を強権的に規制できる「大学の運営に関する臨時措置法案」（いわゆる大学立法）が強行採決された。周りには学生運動に身を投ずる者もいたが、わたしは「デザインを選んだ。だからデザインで世の中をよくしなければ」と考えた。

すでにある自動車会社への就職が内定していたが、紛争を目の当たりにして、こんなときにカースタイリングをしてはいられないと思った。何か人の役に立つデザインはないかと探して、案内サインをデザインする事務所にたどり着いた。それがパブリックデザインを考え始めるきっかけだった。

案内サインというのは、案内表示とか案内標識とも呼ばれ、空間上に掲出される視覚的な掲示物のことだ。これが優れていれば施設の利用がスムーズになり、劣っていると困惑が広がって、いら立ちの原因になる。

一九七二年に営団地下鉄（現、東京メトロ）の案内サインの仕事を担当した。初乗りが三十円だった当時、乗り換え駅が次第に増えて、特に大規模な駅で、乗り換えの仕方も地上への出方もわからず、みなが一様に途方に暮れていた。運よくわたしは一人でデザインを任され、成果は利用者やマスコミから歓迎された。そして独立した一九七三年から営団民営化までの三十一年間、営団サインの基準設計者を務めた。

そののち他鉄道の駅や高速道路、大規模複合施設など、数多くのプロジェクトに携わり、日本鉄道技術協会や交通エコロジー・モビリティ財団、運輸政策研究機構などの研究に参加する機会があって、案内サインにかかわる諸概念が自分のなかで整理されてきた。

二〇一三年に刊行した『サインシステム計画学――公共空間と記号の体系』（鹿島出版会）は、そうした経緯でまとめた博士論文を下敷きに、わが国の公共サインの歴史を展望し、またその計画設計にかかわる理論を明らかにしたものだ。

その本の内容を、より多くの読者に届けることが可能な図版入り新書として刊行するのが本書である。

†本書の構成

デザインというと、商品やパッケージ、広告などのデザインを思い浮かべる人が多いと思う。実はここでいうデザインは、そうしたイメージを売るデザインではなく、問題解決のためのデザインだ。「パブリックデザイン」と呼ぶ。この国で手がける人は少ないが、そんな専門もある。この本ではその領域におけるデザイン事例を紹介し、特に大都市の鉄道駅が直面する問題の改善の方向性を指摘する。

正確さと安全で世界に知られた日本の鉄道の駅だから、駅デザインの水準も高いだろうと漠然と信じている人がいる。多少はわかりにくくとも、どこでもこんなものだろうと問題視しない人が多い。ところが海外の駅を訪ねてみると、日本よりはるかにわかりやすく、また美しいことに驚く。日本の鉄道駅のレベルは、相対的に見てかなり低いのだ。

この本は全六章で構成されている。

第1章では、日本の駅の場合、実に五十年にわたって、乗り換えホームや出口までの行き方がわからないといった混乱が繰り返されていて、一向に改善されないこと、したがって何よりも、まずわかりやすくする方策が必要であること、そしてそれには、「空間構成」と「案内サイン」の両面から、デザインを進めることが喫緊の課題であることを指摘する。

第2章では、わたしたちが手がけてきた鉄道駅の案内サイン計画のうち、主要な四つのプロジェクトを取り上げ、それぞれのデザインの考え方と手法を紹介する。

第3章では、わたしたちが手がけてきた鉄道駅の空間構成計画のうち、主要な四つのプロジェクトを取り上げ、それぞれのデザインの考え方と手法を紹介する。

第4章では、ヨーロッパとアメリカ、アジアの鉄道駅のなかで、特に駅デザインの方法について示唆を与えてくれる先進事例を取り上げて、その内容を紹介する。

第5章では、日本の鉄道駅のうち混乱の度合いが強い主要駅について、空間構成と案内サインの両面から問題点を指摘し、改善の方向性について示唆する。

第6章では、駅デザインで忘れてはならないパブリックデザインとトータルデザインという考え方を示し、デザインの検討体制に言及して、空間を構成し案内サインを計画する上での根本的な注目すべき点とは何かを指摘したい。

本書が、公共空間のあり方を考える一助になれば幸いである。

*この本では出典を省略した。必要な場合『サインシステム計画学』を参照していただきたい。また特記なき写真および図版は、黎《れい》デザイン総合計画研究所所蔵または筆者の撮影・作図による。

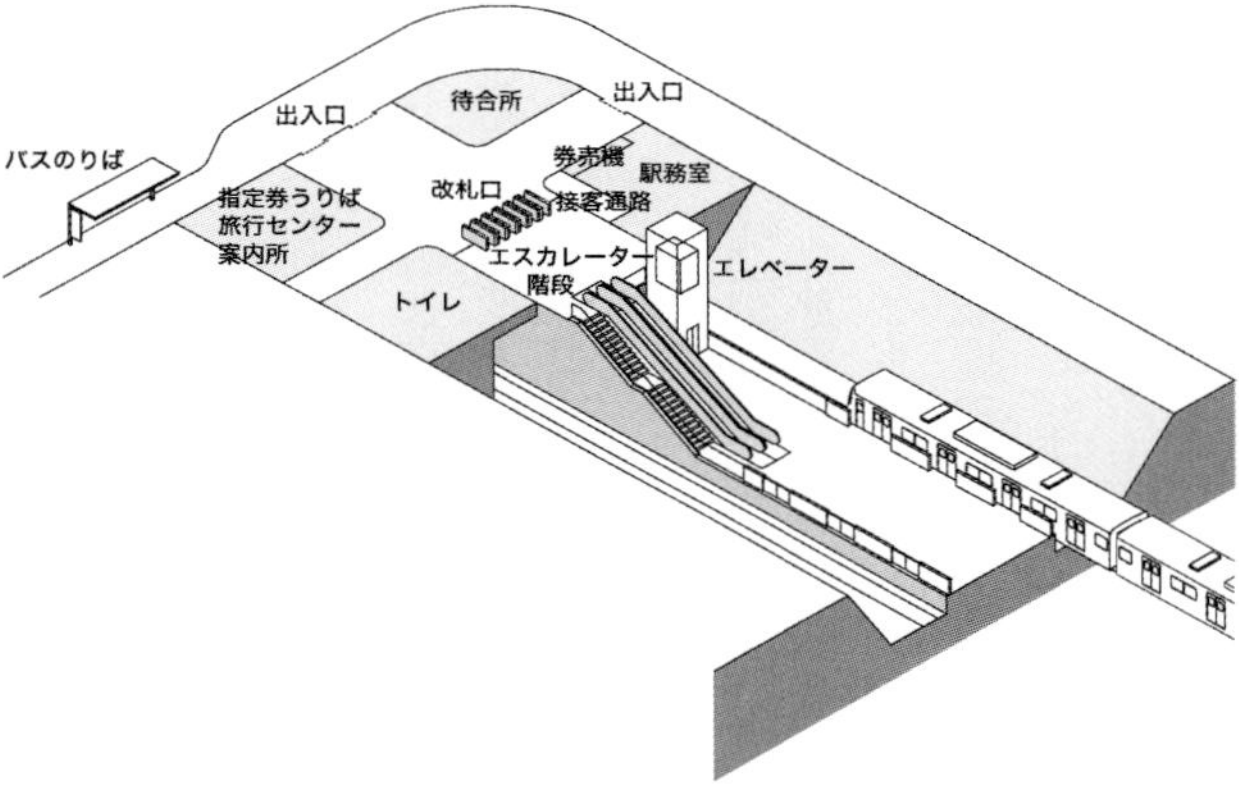

第1章
駅デザインとは何か

上の図は交通エコロジー・モビリティ財団発行『〝見やすくわかりやすい〟交通拠点のサイン計画の手引き』にあるバリアフリー駅のイメージ図だ。施設を一望でき、動線の短い駅のありようが示されている。この章では、デザインの目的から、今日の駅が抱える喫緊のデザイン課題を考える。

1　デザインの目的

†イメージアビリティをつくる

アメリカの都市計画家ケヴィン・リンチは、一九六〇年に刊行した『都市のイメージ』のなかで、「都市の風景にはいろいろな役割があるが、その一つは人々に見られ、記憶され、楽しまれること」とし、都市に視覚的な形態を与える都市デザインでは、「都市の形態のイメージアビリティが、研究の中心になる」と述べた。

この考え方は都市計画分野で長く引き継がれ、今日でも「イメージアビリティ」は、都市デザインの重要な目的の一つとして世界中で広く認識されている。

イメージアビリティとは、「これがあるためにあらゆる観察者に強烈なイメージを呼び起こさせる可能性が高くなる特質」と説明されている。つまりベネチアやボストン、マンハッタンなどで目にすることができる、思わず見とれてしまうような風景のことだ。今日よく用いられる「アイデンティティ」、「それらしさ」を内に含んでいる。

『都市のイメージ』では、次のことも指摘されていた点に注意が必要だ。

「この本は、わかりやすさということが都市環境にとって決定的な重要性を持つと主張する」「明瞭さとわかりやすさは、美しい都市のためのただ一つの重要な特性ではないが、空間、時間、複雑さの点で都市のスケールを持つ環境について考える場合に、それは特に重要である」「われわれは、都市をそれ自体としてばかりでなく、そこに住む人々によって感じ取られるものとして考えなければならない」

語義で考えると、イメージアビリティとは、イメージアブルな性能のこと。イメージアブルとは、感慨深いイメージが次々と生じるような状況を指す。心理学の分野で、人間が外部から情報を得て行動に移るとき、意識のなかにイメージと意味が重なり合って生じ、価値づけや判断が行われていることが知られている。つまりイメージと意味は密接な関係を持っていて、もし対象がわかりにくかったら意味が読み取れず、感慨深いイメージなど湧きようもないことをリンチは指摘している。

駅をデザインする目的は、リンチの都市デザインとまったく同様に、「イメージアビリティ」をつくり出すこと、またその裏づけとして、利用者にとっての「わかりやすさ」を追求することだ。駅は移動空間で、きっぷの購入など操作も伴うから、「動きやすさ」や「使いやすさ」も重要なテーマになるが、すべての行動は情報受容から始まることを考えると、「わかりやすさ」がまずクリアされるべき課題と言えよう。

†実際に快適さを得るには

JR東日本が民営化して間もなく発行した本のなかに、自分たちのデザインの取り組みは単なる基本機能を超えて、〝個性〟と〝文化〟と〝アメニティ〟あふれた駅を目指す、と書かれている。アメニティとは、心地よさ、感じのよさ、快適さのこと。

同書中に、あるオランダ国鉄駅の開業時に、「三十分待たされたとしても、ここで待つのは快適だ。ここから電車で旅行に出るのは、本当にうれしく楽しい」と新聞が報じたとも記されている。こんな水準こそ、まさにアメニティにあふれる状況で、先述のイメージアビリティとも重なって、デザイン目標としてすばらしいものだと思う。

わたしは人々が駅をほんとうに快適だと感じられるようにするには、次のような階層的整備がすべて満たされる必要があるように思っている。

第一のレベルは安全であること――ホームから落ちない、風雨から身を守られる、壁に突起物がない、床が滑らない、十分に明るい、人に触れない広さがある、身を休める場所がある、すぐに緊急連絡ができる、など。

第二のレベルは楽であること――歩く距離が短い、平坦に移動できる、昇降移動が少ない、移動設備が近くにある、通路に障害物がない、移動する先がよく見える、施設配置がわかりやすい、視覚案内がわかりやすい、音声案内がわかりやすい、トイレや売店などの設備がある、券売機・改札機などが使いやすい、休憩場所が多い、など。

第三のレベルは居心地がいいこと——十分に広い、天井も十分高い、見通しがある、滞留空間が広い、休憩スペースも広い、空間の視覚的バランスが整えられている、環境がしずか、滞留空間と流動空間が分けられている、清潔感がある、空気がきれい、温度・湿度がちょうどいい、自然光や緑を身近に感じられる、眺望がある、など。

第四のレベルは満足度が高いこと——機器の扱いがとても簡単、人の触れる部位に心配りがある、環境にあたたかみを感じる、照明が目にやさしい、生き生きとした雰囲気がある、つくりが美しく魅力的、駅に歴史がある、駅と街のつながりを感じる、革新的な技術が見られる、誇りに思える何かがある、など。

ここで、多くのユーザーが満足し、ほんとうに駅を快適だと思えるようにするには、一から四のレベルを確実に積み上げなければならない。レベル四に至れば、おのずからイメージアビリティを生み出す可能性は高まるが、それは突然にはやってこない。たとえば歩行距離を短くしたいとするなら、土木構造物の構成から考えなければならない。券売機という機器の扱いを簡単にするには、運賃制度の単純化が不可欠だ。したがって駅を快適なものにするには、駅をトータルにつくりあげる発想が欠かせない。

2 まず、わかりやすくする

†人々はどう感じているか

前節で触れた鉄道関係者の希望や期待とは裏腹に、日本の駅で、少なくとも大都市圏の都市鉄道の駅で、そこを快適だと感じている人はほとんどいないだろう。

二〇〇〇年に民間のシンクタンクが首都圏在住の二十代から七十代までの男女六百人に行ったアンケート調査では、「目的地までどの路線で行けばよいか」（六六％）、「いくらのきっぷを買えばよいか」（六一％）、「どのホームから乗ればよいか」（六五％）、「乗り換えホームまでどのように行けばよいか」（七一％）、「出口までどのように行けばよいか」（六二％）など、行動の全般にわたって、駅でわからないことがよくある、またはときどきあるとの回答が、極めて高い割合を占めた（『LDI　REPORT』）。

二〇〇四年に政府系のシンクタンクがJICA（国際協力機構）の研修生百十人に行ったアンケート調査では、「駅入り口の場所」（五四％）、「乗車すべき路線」（四七％）、「買うべききっぷの種類」（三九％）、「目的地までの運賃」（四二％）、「乗車ホームの場所」（三九

%）、「急行・各駅停車などの種別」（三九％）、「乗り換えの必要の有無」（四五％）、「乗り換え改札でのきっぷの扱い」（五三％）、「乗り換えホームの場所」（三九％）、「バスやタクシーの場所」（三九％）など、これも行動の全般にわたって、わかりにくかったとの回答が寄せられた（運輸政策研究機構『鉄道整備等基礎調査』）。

　このように日本人にとっても外国人にとっても、鉄道と駅を利用するためのほぼすべての判断事項が、よくわからない状況に置かれている。今日インターネットを探ってみても、同様な意見は数多く載せられている。実際こうした状況は、鉄道ネットワーク化の始まった一九六四年ごろから、五十年間にわたってずっと続いている。

　国土交通省の発表によれば、二〇一〇年現在、日本の鉄道利用者は毎日六千二百万人。そのうち首都圏、中京圏、近畿圏の三大都市圏で五千六百万人。控えめにみて、そのうち二割の人が駅で困惑しているとしても、その数は一千万人を超える。毎日毎日、おびただしい数の人々が駅で不便、不快を感じていて、それが五十年経っても改善されないというのは、正常な感覚なら、看過できない社会問題と見るのが妥当だろう。

　これらの改善に案内情報の増設を求める声が少なくない。しかし案内情報だけでこの問題の解決を図るという考え方自体が、そもそも間違っていたのではないだろうか。駅立地の制約、大規模駅への路線の集中、商業施設の複合、駅内の歩行距離の長さ、移動経路の複雑さ、アップダウンの多さ、利用者数と空間容量のアンバランスによる混雑と視界の不良、鉄道会社の多さに伴う運賃制度の複雑さ、相互直通運転の拡大による列車運行形態の複雑さなど、わかりにくさの原因は多岐にわたっている。

こうした状況を見ると、何はさておき、あらゆる手だてを見直して、駅をわかりやすくすることが喫緊《きっきん》の課題であることは疑う余地がない。

†わかりやすさを保証する要素

ではどうすればわかりやすくなるのだろうか。ひとまず自分の体験から「わかった」と納得するのに、「①状況が明らかなのでわかった」、「②意味が了解できるのでわかった」、「③ことの筋道がはっきりしているのでわかった」の三つの場合があると考えられる。

第一の「状況」とは「ありさま、全体像」のこと。ありさまとは様子のことだから、「ここに何がある」「あそこはどうなっている」というようなことだ。駅の問題で言えば、見えたり聞こえたりする全体的な様子のことだ。

第二の「意味」とは「形や言葉、色などで示された内容」のこと。改札機を見て「これは入場のためにきっぷを通す機械だ」とわかる、「丸ノ内線」という文字を見て「丸ノ内線のことだ」とわかるようなことをいう。

第三の「ことの筋道」とは「ものごとの道理やそれを行う順序、手続きなど」のこと。駅で言えば「きっぷを買ってから電車に乗る」とか、「改札口を通ってからホームに行く」などの順序理解がそれにあたる。どこにもそんなことは書かれていないが、鉄道を利用するなら誰でも知っているはずとの前提に立って施設が用意されている。

さらに「わかりやすさ」の本質を深く考えるため、言語学の分野で前提とされるコミュニケーション理論を確認してみよう。

ロシア生まれの言語学者ロマン・ヤコブソンが一九五六年に唱えたのは、次のような理論だ——言語的コミュニケーションは「情報の送り手」、「受け手」、「メッセージ」、受け手が把握することのできる「コンテクスト」、送り手と受け手の間に共通した「コード」、そして両者間の物理的絡路《らくろ》と心理的つながりである「コンタクト」の六つを因子として成立する——。

この理論は今日では、コミュニケーション議論の出発点に置く公理と見なされているようだ。わたしはこの因子同士のかかわりを、図1-1のように表してみた。

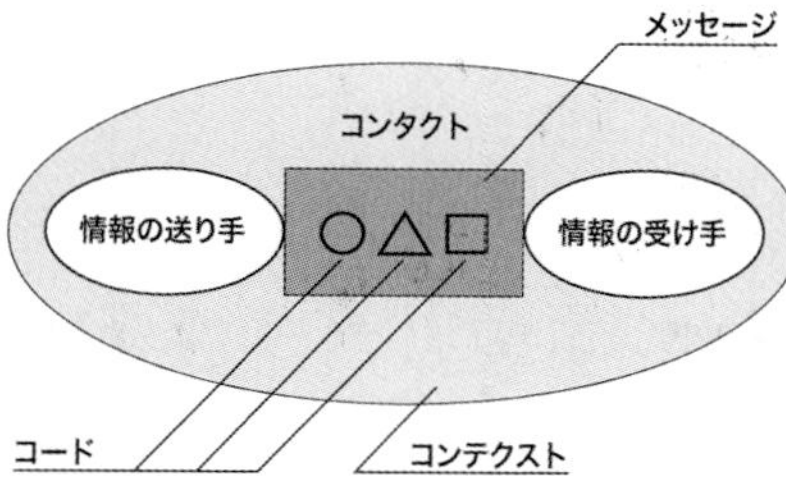

図1-1　コミュニケーションの6因子

言語的コミュニケーションには、家でのおしゃべりや友人同士の会話、客先での打ち合わせなど無数の言葉によるやりとりが含まれる。そのほか実際に人と人が出会わなくとも、書物を通した著者と読者、メディアにおける制作者と視聴者、何かの施設の提供者と利用者などの間のやりとりも、コミュニケーション問題としてとらえられる。

どの場合であっても、コミュニケーションが成立するということは、受け手側から見て、送り手の伝えたい中身がわかるということだ。

送り手と受け手、それにメッセージがないとコミュニケーションにならないことはすぐにわかる。ヤコブソンはそれに加えて、コンタクト、コード、コンテクストの三つも必要だと述べた。つまりそれらもないと、話は相手に通じないという。そこでその三つをもう少していねいに考えてみる。

コンタクトとは、接触するという意味。目の前に話し相手がいるとか、見たい物が手元にあるなどがコンタクトの成立を意味する。暗くて様子が見えないとか、文字が小さくて読めないとか、人混みで前の方がわからないなどは、物理的な制約から、視覚的にコンタクトできない例である。したがって先述の「①状況が明らかなのでわかった」とは、そこでコンタクトという成功因子が得られたことを示している。

メッセージの中核にあるのがコードだ。コードとは、ある社会のなかで意味を与えられた記号のこと。言葉がその代表例で、「丸」という言葉が丸い形を指し、「電車」という言葉が線路を走る乗り物を意味する。しかしそのコードが通用するのは日本語を知る人だけ。それを知らない人に言葉の意味は通じない。言葉のほかにも、たとえば郵便ポストや交通信号など、形状や色彩が何かの意味を示すコードとして使われるものもある。しかしこれらも、知らない人に意味は伝わらない。したがって先述の「②意味が了解できるのでわかった」とは、そこでコードという成功因子を解読できたことを示している。

コンテクストという概念は理解するのが難しいが、コミュニケーションを成立させるうえで、つまりわかりやすくものごとを人に伝えるために、最も重要なものだ。

コンテクストとは、送り手が話をするとき（形や色で何かを示すとき）、あえて言葉には出さないが、背景に想定した秩序関係のことだ。

一般の会話でも、普通、一緒にいる場面を前提に話をしている。そのときの場面もコンテクストの一つだ。たとえば食卓で「コショウを取って」と言ったとする。そのとき「〈この部屋の中央に置かれたテーブルの上に載っている〉コショウ」とは言わない。〈 〉に示した場面は共有されているから、あえてそれを言わなくともわかるからだ。

このコンテクストが共有されていないと意味不明になる。難解な本がわかりにくいのは、言葉自体は辞書で引けても、いろいろな勉強を積み重ねていないと、著者が前提としているコンテクストを読めないからだ。

　コンテクストの中身は話の内容によって、場所であったり、ものごとの順序であったり、ほかにも条理（道理、筋道）、歴史、文化、習慣など、多岐にわたる。したがって先述の「③ことの筋道がはっきりしているのでわかった」とは、そこでコンテクストという成功因子を読み取れたことを示している（ただしその「筋道」とは、コンテクストの一例である）。

†駅におけるわかりやすさの条件

　駅のわかりやすさの問題にコミュニケーション理論を適用してみると、情報の送り手は鉄道会社（計画者、建設者、運営管理者）、受け手は利用者全般になる。送られてくるメッセージは、ここがきっぷ売り場であるとか、運賃はいくらだとか、列車がどんなふうに運行されているとか、鉄道利用時に必要なすべてのことがらだ。

　まずコンタクトというコミュニケーション因子は、見えたり聞こえたりできるように、という条件を示している。つまり駅空間も駅設備も案内情報も、みんなが見えたり聞こえたりできるようにつくらなければならない。

　二つ目のコードというコミュニケーション因子は、意味のわかる用語や記号を使うように、という条件を示している。駅利用に必要な経路選択やサービス内容を表す記述は、誰でも、できれば世界中の人が、わかるものにしなければならない。

三つ目のコンテクストというコミュニケーション因子は、共有できている秩序関係を保てるように、という条件を示している。つまり鉄道利用時に、誰もが共通に描いている想定から外れない範囲で、場面や伝達内容を提示しなければならない。

長く分岐の多い通路、繰り返す昇降移動、狭くて見通せない空間、歩行を妨げる売店や自販機、せり出した商業施設などが混ざる都市鉄道の駅で、利用者が空間的なコンテクスト（場面のつくられ方）を読むのは至難の業だ。

日本では鉄道会社ごとに急行、各停などさまざまな列車種別が設けられている。相互直通運転が増えて、行き先、種別、編成はとても複雑になった。鉄道をたまに利用する人にとって、そんな複雑な運行のコンテクスト（条件）は思いもよらないものだ。

相互直通運転区間で運行会社が変わるとき、会社ごとに初乗り運賃が取られる。そんな背景を知らない人にとって、あるとき短い乗車区間で、急に倍の料金が取られてしまう運賃のコンテクスト（制度）はまったく理解できない。

喫緊の課題として、駅の空間条件、列車の運行条件、乗車の運賃制度など鉄道全般にかかわるすべてのことがらを、〝利用者と共有可能なコンテクスト（秩序関係）〟という視点から、再構築することが求められている。

3　駅のデザイン課題

†駅空間をどうとらえるか

駅をデザインするとき考慮しなければならない項目には、利用者である人、計画対象の空間やもの、実現の裏づけとなる費用や仕組みなどがあるが、ここではまず、大都市のターミナル駅を念頭に、駅空間について考えてみよう。

ターミナル駅で電車を降りると、人々が向かうのは乗り換え先の鉄道であったり、バス乗り場であったりする。あるいは街のなかにあるオフィス、仕事場、お店、遊び場など、人それぞれに思い思いの目的地に向かう。帰宅時には駅のなかに逆向きの人の流れが生じ、駅を街の通り抜け通路に使っている人も多い。

日本の鉄道システムは、民間の鉄道会社の数が多いことに特徴があるが、そうした背景から、ターミナル駅には複数の会社の鉄道が集まっている。そこで駅の建設や管理は、各々の会社が所有するエリアを、それぞれの方式で行うのが一般的になっている。しかしその仕組みには落とし穴があって、どうしても考える対象や目の届く範囲が自社エリアに限られてしまう。人々は各社のエリアを横断して乗り継ぎ、駅を街の一部として利用しているのに、である。

図1-2の上の図は、ともすれば陥りがちな自分のところだけを計画する考え方、下の図は、どうにかして駅全体を一元的に計画する仕組みをつくり出し、一つの駅から乗り換え先の駅はもちろん、駅から街、街から駅に向かう利用者全般を視野に入れた計画を行う考え方を示したイメージ図だ。下図のほうが利用者にとって、より便利で、より気持ちよく利用できるのは自明なことだ。

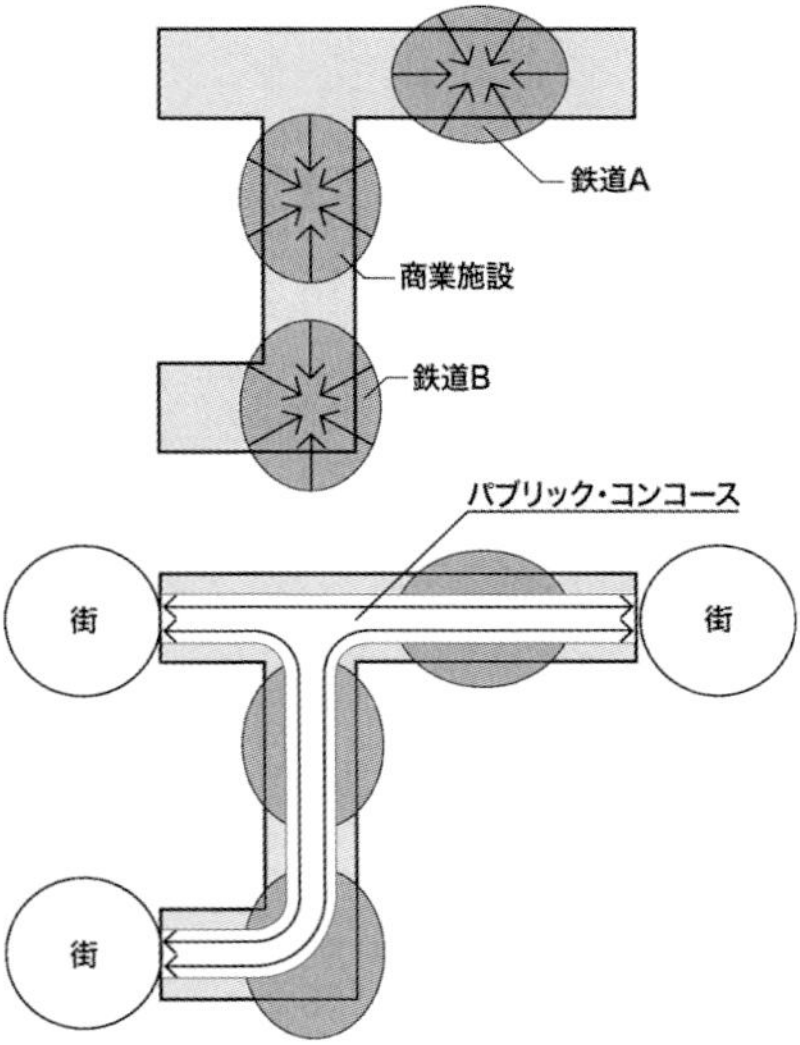

図1-2　駅の計画対象のイメージ図

次に鉄道駅の利用者を想定してみる。そこには健康な人ばかりでなく、身体機能の衰えた高齢者も、さまざまな障害を抱える人も、移動がつらい状況にある人も大勢いる。また違う角度から見て、駅に慣れている人、不慣れな人、言語や習慣など文化的

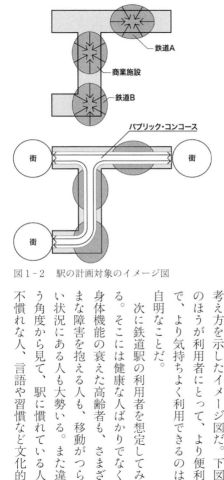

な背景の異なる世界の各地から訪れた人もいることは、忘れてはならない前提だ。

†最初に必要な空間構成デザイン

駅をわかりやすくするために重要なのが、空間構成のデザインだ。

鉄道駅には、駅出入り口、改札外コンコース、きっぷ売り場周り、改札内コンコース、ホームなどの単位空間がある（コンコースという用語は、本来、駅の中央にある大きなホールを指す。日本の駅で欧米のような中央ホールを持つ駅はほとんどないが、鉄道技術を学んだときから慣例的にそう呼んでいる）。

空間構成デザインとは、単位空間相互の連続関係をつくり出す計画のことだ。この単位空間の連続関係こそ、第1節のケヴィン・リンチが不可欠とした〝そこを利用する人々によって感じ取られるわかりやすさ〟を生み出し、前節で詳述した〝利用者と共有できるコンテクスト（場面）〟をつくり出す最も重要な計画課題だ。

第4章で紹介する英国鉄道のウォータールー・インターナショナル駅、フランス国鉄のリール・ヨーロッパ駅、リヨン・サン＝テグジュペリTGV駅、シャルル・ド・ゴール空港第二ターミナルTGV駅、あるいは図1-3に示したデンマーク国鉄のコペンハーゲン中央駅などは共通に、空間構成によるわかりやすさが追求されている。

図1-3　コペンハーゲン中央駅

駅は空間として知覚されるが、その空間は、床、壁、窓、ドア、天井、照明、サイン（案内表示）、広告などで構成されている。これらを空間構成要素と呼ぶ。空間は、実は空間構成要素によってかたちづくられているというわけだ。

空間構成要素には、形状、大きさ、材質、色彩、位置取りなどのデザイン項目がある。したがって実際には、このようなデザイン項目を順番に設定していくことによって、総合的な空間ができあがっていく。

駅ごとのデザインにあたっては、デザインコンセプトが重要視される。それにはどの駅にも共通する普遍的なコンセプトと、駅ごとに異なる個別のコンセプトがある。

第1節で指摘した安全性、利便性、居住性、ユーザー満足度などは、どの駅でも実現されないと利用者が迷惑を被るので、普遍的なコンセプトだ。

ほかに、先進的な空間にしたい、建設地の地形的な条件を反映したい、都市事情や歴史を踏まえたい、ある造形モチーフや様式にこだわりたい、など個別のコンセプトが掲げられる。そのときどの場合でも共通していなくてはならないのは、駅の主役は人々であるとの認識だろう。

†移動を支える案内サインデザイン

サインという英語は、狭義には標識、広義には記号全般を指す。つまり情報を伝える仕掛けはみなサインだ。駅のデザインでは本来、場面づくりを担当するのは空間構成の仕事で、運賃や運行条件、列車の行き先など文字や記号でなければ伝えられない情報の伝達を担当するのが案内サインの受け持ちだった。

ところが駅が次第に複雑化するなかで、空間自体では筋道を示すことができなくなり、案内サインにその負担まで押しつけられるようになった。これは駅に限ることではなく、今では多くの都市施設がそのような状況に置かれている。

サインが受け持つ情報には、案内情報、宣伝情報、規制情報などがある。制度や条件の

図1-4　みなとみらい線ホームのサイン

伝達を含めて、駅をわかりやすくするためのものが案内サインだ。駅のように人々が集まる空間で、その移動や利用を支援する場合、複数のサインに相関関係を与えてその総和で目的を果たす。そうしたサインの全体をサインシステムと呼ぶ。

第2章で紹介するように、駅の案内サインには少なくとも、指示サイン、同定サイン、図解サインの三種が必要になる。指示サインは施設などの方向を示すサイン、同定サインは、そこに施設があることを示すサイン。「トイレはあっち」と示して、「ここがトイレ」と受ける。この指示と同定の呼応関係が、道案内を行うシステムの基本的な構成要素になる。図解サインは位置関係や順序などを、図を用いて案内するもの。たとえば鉄道ネットワークは、文章で表すより図で示すほうが圧倒的にわかりやすい。

サインの計画要素には「情報内容」「表現様式」「空間上の位置」の三つがある。どんな内容を、どんなかたちで、どんな位置に、というわけだ。これはサインに限らず、新聞、雑誌、テレビ、インターネットなど、あらゆるメディアに共通する属性だ。

情報内容の中核を成すのが前節で紹介したコード（意味の記号）。コードを決める前に、何について情報提供するのか、表示項目を整理する。

表現様式には「方法のかたち」と「外観のかたち」がある。列車情報は電光掲示で、トイレマークはプレートで、などが方法の議論。マークの形状や色彩をどうするかは外観の議論。外観のかたちを決めることは、デザインのほんの一部であることに留意されたい。

サインの空間上の位置は、掲出位置で決められる。どの場合も、人の目に入るように、が判断の基本になる。

第2章 案内サイン

上の写真はみなとみらい線新高島駅のホーム。この駅は建築デザインがよく整理されていたので、少ない数のサインで案内が成立した。この章では、わたしたちが手がけてきた案内サインの実例について、デザインの背景にあった考え方を紹介する。

1 営団地下鉄――サインデザインの手本として

†はじめてのシステム化

一九六四年の日比谷線開通によって、銀座線銀座駅と丸ノ内線西銀座駅が、一つの駅としてつながった。そのころから、地下鉄駅はわかりにくい、との声が出始めた。その後、東西線、千代田線と新路線が次々に建設されて、ネットワーク化が急激に進んだ一方、乗り換え駅をわかりやすくする整備には、なかなか手が回らなかった。

当時、営団地下鉄（現在の東京メトロ）のサインには多種多様な形式があり、数も非常に多かった。文字の大きさはさまざまで、用語も英文表記の有無もまちまちだった。駅内のあらゆる場所が、はなはだ未整理な文字情報で埋め尽くされていた（図2-1）。

サインの掲出位置についても、一定の法則性は認められなかった。利用者はどこを見ればどんな情報が得られるのか、見当がつかなかった。いくつかのサインには、派手なタイアップ広告がついていた。またホーム階段正面の大きな垂れ壁には、巨大な商業広告が掲出されていた。利用者はまったく落ち着きのない環境のなかから、自分に必要な情報を、どうにかして拾い出さなければならなかったのだ（図2-2、2-3）。

利用者からのクレームの続出に困った営団の担当役員は、思い切って案内サインの検討を、外部の専門家に委託することにした。

そのころわたしは、このテストプロジェクトを受けた広告代理店の協力デザイン事務所にいたが、運よくこの改善案の設計を一九七二年に専任で担当することになった。

二カ月ほど文献を調べたり、再三、試行現場となった大手町駅に足を運んだのち、たどり着いた重要な方針は、〝案内サインのシステム化〟だった。鉄道駅には電車に乗ろうとするお客さんと電車から降りてきたお客さんがいる。それぞれの動線ごとに求められる情報は異なるから、それらを再整理する必要がある。

また利用者が求める情報には、単に道案内をすれば済むものと、位置関係など、ていねいに説明しなければならないものがあった。前者は、簡潔な用語を整理して、シンプルな方向指示サインで案内すれば、一段と明瞭化ができるはずだ。他方、特に地下駅では、自分がどこにいるのかわからない、どっちへ進めばいいのかわからない、つまり〝座標の喪失〟に陥りがちだ。こうした後者のニーズに応えるには、「図」や「表」を活用したわかりやすい図解サインの導入が必要だ。

このように、方向指示サインと図解サインを、乗車系、降車系それぞれの利用者動線に沿って組み合わせて掲出する方法が、「サインシステム」だ。図2-4に、五カ月間の検討ののち得られた「サインシステム・フローチャート」を示す。

一九七三年五月に千代田線大手町駅で利用者に示されたサインは、わが国ではじめて、本格的にシステム化された案内表示だった。

図2-1　1972年当時の大手町駅

図2-2　1972年当時の銀座駅

図2-3　ホーム階段垂れ壁の商業広告

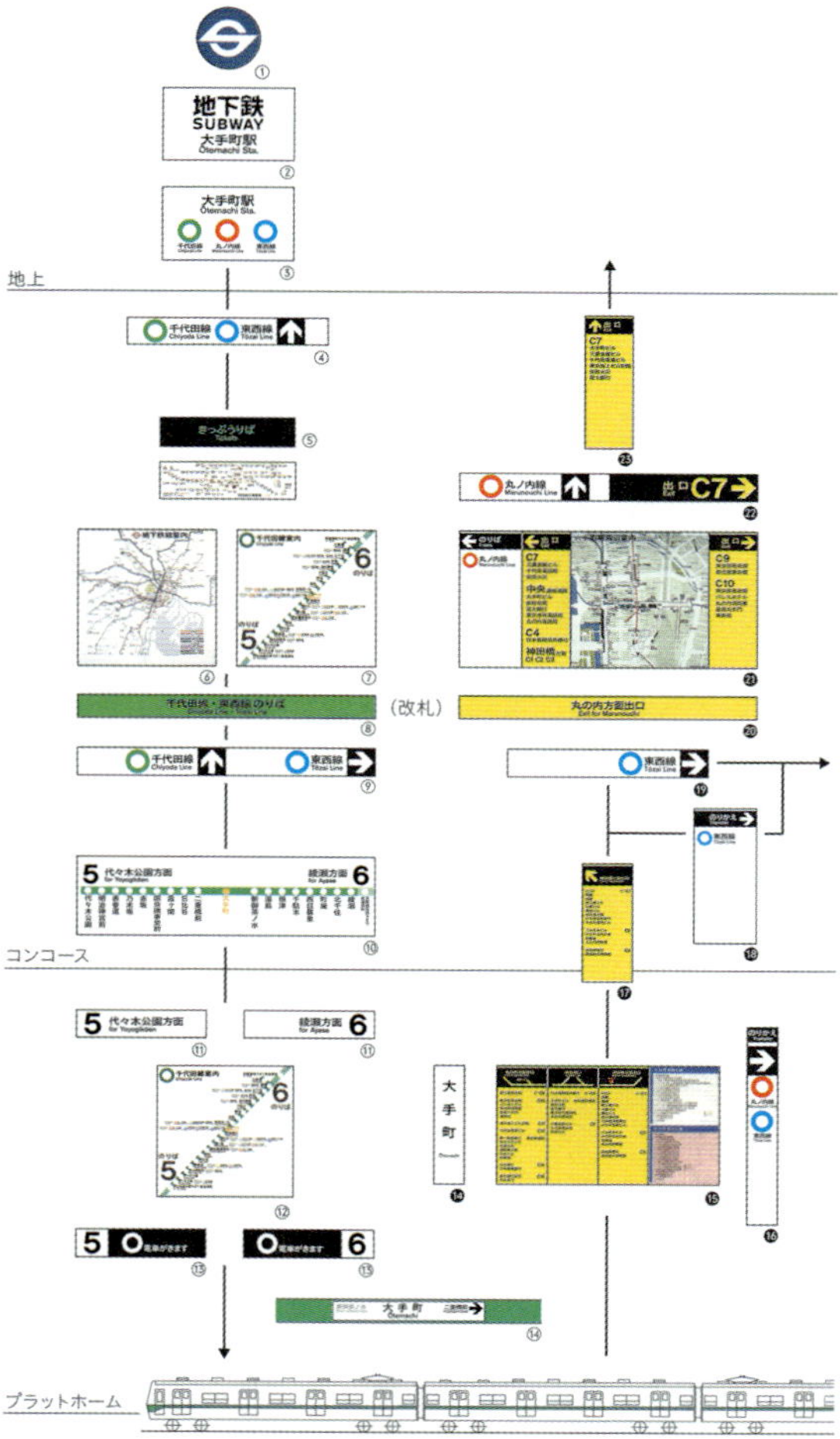

図2-4　営団地下鉄サインシステム・フローチャート

†サインシステムの内訳

大手町駅での試行から営団が民営化するまでの三十一年間に、各駅に展開したシステムの内訳は、次のようなものだった。この間わたしは、引き続き設計と監修を担当した。

東京の地下鉄駅の致命的な欠陥は、駅構造が利用者にとってわかりやすくつくられていないことだ。特に大規模駅になると、通路が長く続き、どこに改札口があるのかわからない。またホームでも、柱やさまざまな設備にじゃまされて、改札階に至る階段の位置がわからない。

これらの欠陥を補うため、この新しいサインシステムでは、まず緑の「入り口カラー」と黄色の「出口カラー」を設定し、遠くからそれらの位置の見当がつくように、通路を横断して色彩の帯サインを掲出した（図2-5、6）。

次に、路線カラーによる○印の路線シンボルを導入した。「〜線のりば」や「〜線のりかえ」と言わず「〜線」と短く言い切って、どの表示でも路線名の前に必ず○印をつけた。丸ノ内線は赤い○、千代田線は緑の○、等々だ。これにより乗り場方向を示す指示サインはずっと遠くからたどることができるようになり、同時に整備後の駅を、明るく近代的に印象づけることに成功した（図2-7）。

三つ目の特徴として、不慣れな利用者が、右か左か迷うような位置に、つまり改札口やホーム階段付近、あるいは地上に至る出口など動線が分かれるところに、図解サインを集約的に配置した（図2-8）。

新たに導入した図解サインには、「地下鉄全線案内図」「当該路線停車駅案内図」「周辺地域地上地下関連図」「景観写真」などがある。いずれも画面寸法は二メートル角とし、大勢の人が同時に、しかも動きながらでも判読できるように作図した。

乗車系情報の停車駅案内図は、改札口付近やホームの線路越し壁面のほか、かつて広告のあったホーム階段の垂れ壁にも設置した。幅を階段に合わせて、一段と大きな文字を用いて階段途中で立ち止まる人がないよう留意した（四二頁、図2-9）。

降車系情報の周辺地域地上地下関連図は、地上の周辺街区と地下の駅構造を、一枚の図のなかに合成して描いたものだ。近頃整備される案内サインでは、周辺図と構内図を分けて表示する例が多いが、これを一枚にまとめることができれば、利用者は図の種類を選ぶ必要が生じない。

この図は身体座標と体感距離に基づいて描いた。身体座標とは前後左右感覚のこと。現場の左右に図の左右を合わせて描く。体感距離とは、同じ五メートルでも遠ければリアリティが薄れる感覚のこと。現在地付近を大きく、遠くを縮めて描いた（同、図2-10）。

図 2 - 5　改札入り口位置を示す緑の帯サイン

図 2 - 6　改札出口に至る階段位置を示す黄の帯サイン

図2-7　路線カラーを用いた路線シンボル

図2-8　改札出口付近の図解サイン群

特筆すべき案内サインに、景観写真があった。これは地上出入り口付近の風景を、予め地下で確認できるように、出口階段下に掲出したものだ。外の見えない地下駅で、〝座標の回復〟を図るのに効果的として歓迎された。しかし東京に印象的な風景は少なく、また景観の変化も激しくて、設置したのは大手町と銀座の二駅に留まった（図2-11）。

ホーム上での乗り換え案内は、電車からどこにも客が降り立つことを念頭に、ホーム全長にわたって十五メートル間隔に、柱づけ型で対応した（図2-12、13）。

†日本デザイン賞の受賞とモデルチェンジ

このサインシステムは利用者にとても好評だったので、設計マニュアルがつくられ、それに沿って全百六十駅の整備が進められた。

導入から十六年を経た一九八九年に、この「営団地下鉄のサインデザイン」は、「ソニー・ウォークマン」「ホンダ・スーパーカブ」「新幹線」などと並んで「'89デザインイヤー記念日本デザイン賞」に選ばれた（トップの日本デザイン大賞は「ファクシミリ」「横浜市のアーバンデザイン行政」など四点、次点の本賞は全部で十二点）。

この賞は通産省（現・経産省）の呼び掛けで、近代日本の産業や生活、文化のあり方全般に強いインパクトを与えたモノ・コトを顕彰したものだ。各界の識者が審査にあたり、これほど広範な分野を対象にしたデザイン賞は、後にも先にもこれきりだった。

営団地下鉄のサインについて、本賞の報告書に次のように記されている。

「一日あたり五百五十万人にのぼる地下鉄利用者に与えた利便性は計り知れなく、各方面に及ぼした影響も極めて大きい。今日では、全国の鉄道駅はもとより、さまざまなパブリック空間で利用者に対する情報サービスの規範として位置づけられている。最近ＪＲ東日本が導入した新しいサインも、この営団型システムをモデルとしている」

その十五年後の二〇〇四年に営団地下鉄は民営化され、東京メトロになった。このときサインシステムの根幹を揺るがす三つの方針が示された。
①組織替えアピールのため、新会社マークの紺色を乗り場案内サインの地色に用いること。②黄色のパネルに駅周辺の著名な施設と出口の位置関係を示していた街の情報を、今後は収入を生む広告扱いにするので、もっと多くを表示できるシステムに変更すること。③ホームで乗り換え案内を貼付《ちょうふ》している独立柱は、今後広告スペースに利用する可能性があるため、その情報を別の場所に移すこと。
東京の地下鉄は十三路線に増えていたので、路線カラーにはブルーもあれば紺色もあった。サインの地色が紺色になれば、ようやく浸透した路線シンボルを会社の都合で変えることになる。また著名施設の表示は利用者の座標回復のために選んだランドマーク情報で、

図２－９　階段垂れ壁位置の停車駅案内図

図２－10　周辺地域地上地下関連図（中央部分）

企業の広告のために出しているわけではない。これでは利用者の利便のために立てた方策が、ことごとく効力を失ってしまう。

わたしたちはこれを機に、サイン基準設計者の立場を他に譲った。その後モデルチェンジされたデザインは、第5章で見る。

図2-11　銀座駅の景観写真（左奥）

図2-12　柱づけ型乗り換え案内標

図2-13　1989年当時の島式ホーム全景

2　みなとみらい線――建築家とのコラボレーション

†共通化か個別化かの議論

横浜市は伝統的にデザインにとても関心の強い都市だ。二〇〇四年に開業して、国内では例を見ない魅力で評価の高いみなとみらい線の駅デザインは、太田浩雄ら横浜市都市計画局から出向してきた土木技術者たちによって方向づけられた。一九八八年に横浜と元町を結ぶ線路計画が確定して、その翌年から土木構造物の設計が始まった。

太田らは、せっかく横浜の観光地を走るのだから、単に人を運ぶだけの地下鉄ではなく、駅も周辺地域を特徴づける存在にしたいと考えた。それを実現するには、まず、アーチやドーム、吹き抜けなど、広々として見通しのよい構造を持つことだ。結果的に、建設した五駅中四駅に、思わず仰ぎ見るような大空間が出現した。

一九九二年、すでに工事は始まっていたが、伊東豊雄、内藤廣、早川邦彦ら公共建築分野で実績のあった建築家が駅別の設計者として招かれ、全体の調整を行うデザイン委員会も組織された。太田らは、従来の鉄道建築のプロパーでは、街との連続性を反映させることは難しいと思い、同時にはじめて鉄道にかかわる建築家の新鮮なアイデアをオーソライズする機関も必要と考えた。このとき石井幹子とわたしも、それぞれ照明とサインの専門デザイナーとしてこれに加わった。

一九九三年から九四年にかけて開催されたデザイン委員会の主要なテーマは、〝共通性と個別性〟だった。どの駅にも「デザイン都市・横浜」にふさわしい高品質な仕上がりを求めるのは当然として、個々の建築にどれほど共通要素を認めるか、という議論だ。

特に既存鉄道に見られるサインと広告のありようは、建築家たちの批判の矢面に立たされた。事実既存駅の視界の乱れは相当であったし、独創的で美しくありたいと思う設計対象の空間に、自らコントロールできないありきたりのものが紛れ込むことをよしとしない気持ちはよく理解できた。

他方とりわけサインシステムは、大半が不慣れな鉄道利用者にわかりやすい視覚情報を提供するために設置するものである。誰にとってもわかりやすいのは、示されたものがすでに知っている何かと同じであることだ。建築家たちの要望に歩み寄れる許容度を探り出すことが、わたしたちの最初の仕事だった。

サインのデザイン要素には、情報の掲出位置、プロダクツ、グラフィックの三つがある。利用者の利便性を考えれば、情報の掲出位置は各駅共通がいい。またグラフィックは必ず路線共通の情報と駅固有の情報を掲載することになる。そこで、プロダクツの質感の一貫性を保ちながら、詳細設計で固定方法に変化を出せる方式とする案を考えた（図2-14、15）。

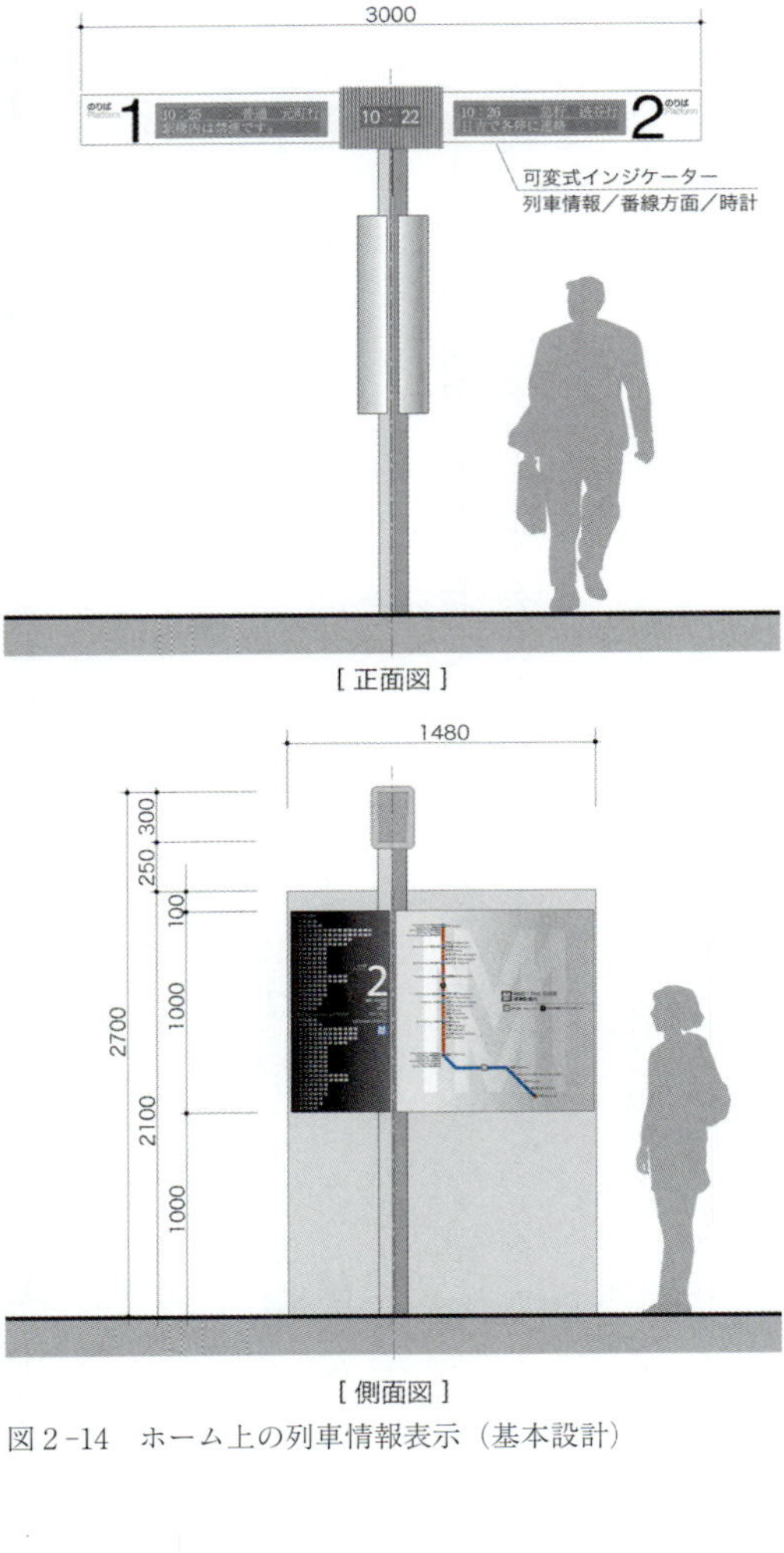

図2-14　ホーム上の列車情報表示（基本設計）

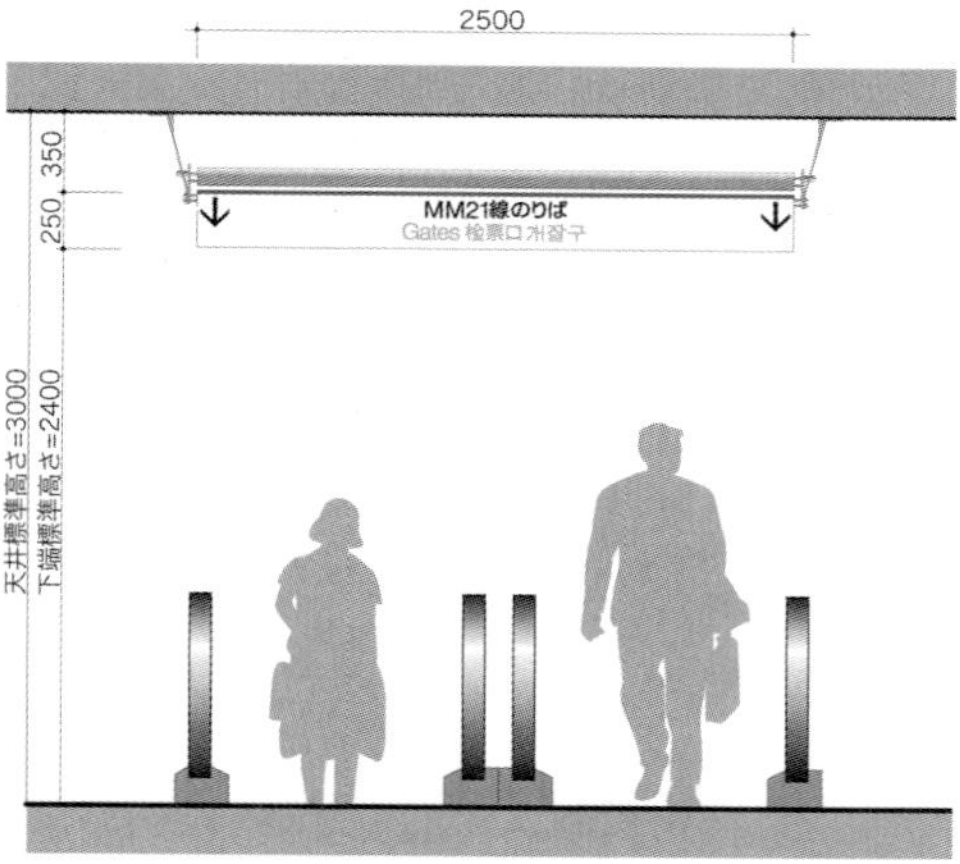

[掲出姿図]

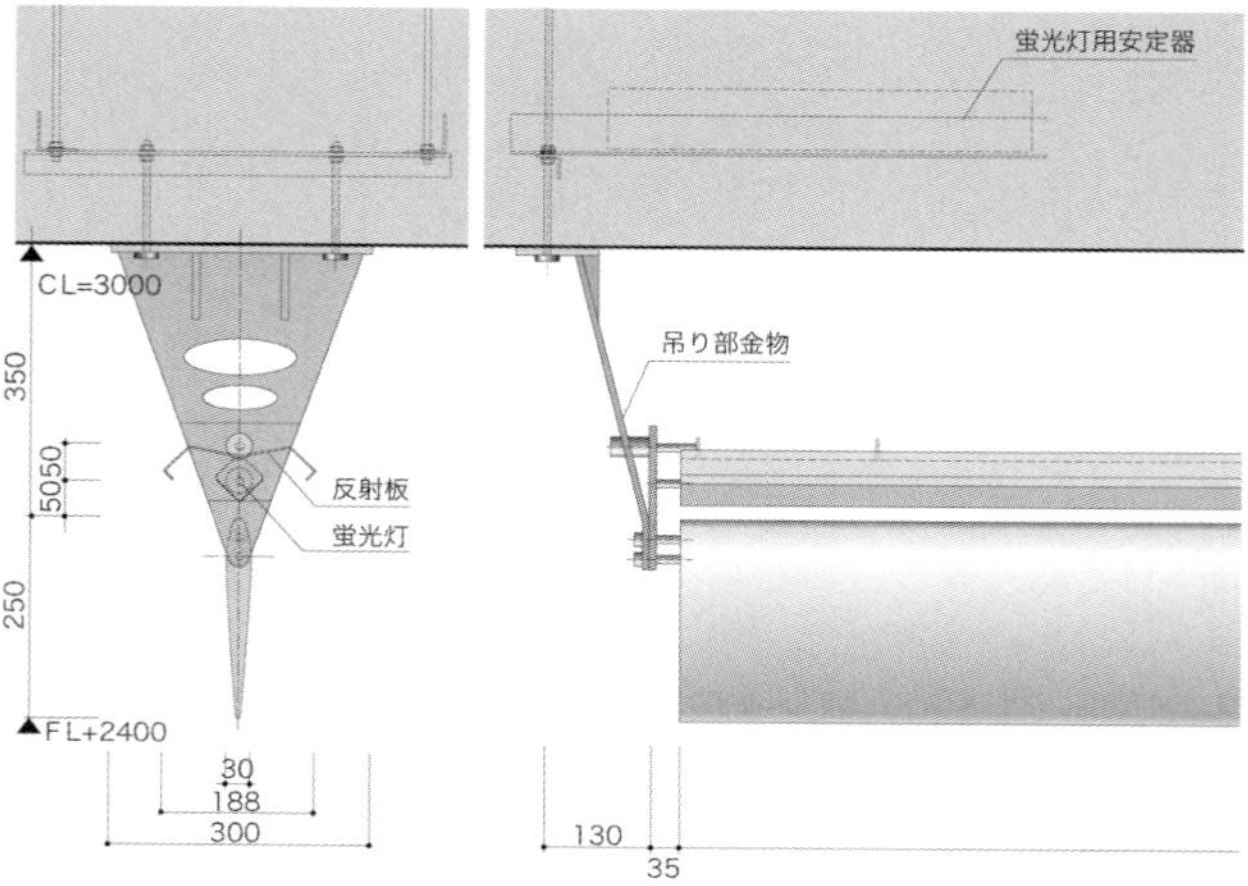

[器具詳細図]

図2-15　外照式指示サイン器具仕様（基本設計）

†共通様式の選択

このサイン計画の基本設計を行ったのは一九九四年から九五年にかけて、つづく詳細設計は、横浜駅地下化難工事の影響で五年後の二〇〇〇年から〇二年に行った。

この間に日本社会は一変した。いわゆるバブルの崩壊だ。経済指標上では、すでに一九九一年に始まっていたというが、その実感が広く行き渡ったのは、大手金融機関が相次いで破綻した九〇年代末から、就職氷河期といわれた二〇〇〇年代初頭にかけてだ。

多くの企業で、バブル時代は「知恵を絞ればなんでもできる!」と積極的なチャレンジを歓迎していた空気は、みるみる消えていった。お金をかけることは論外になった。

またそのころ、急速に普及した価値観に〝バリアフリー〟がある。このこと自体、景気動向とは無関係に大切なテーマだが、一方で使えるお金がなくなり、他方これまであまり考えていなかった施設整備を迫られるなか、とりわけ鉄道関係者の多くは後者への対応に追われ、空間の魅力など、省みる余裕を失った。

本線のサイン計画もこれによって、大きく方針転換を図らざるを得なくなった。

まずコスト上の理由から、建築材料と比べて遜色ない質感のサイン材料を用いることができなくなった。またバリアフリーの要請から、基本設計にあった外照式(間接光で表示面を照らす方式）の器具は否定された。この間、わたし自身専門委員を務め、横浜市も関係する研究会の報告書で、高齢者には内照式（アクリルカバーの内側に照明を入れる方式）のほうが見やすい、との実験結果が示されていた。

こうしたことから、各駅の詳細設計時に、駅ごとの建築表現に合わせてプロダクツの表情を詳細に検討する機会は与えられなくなった。

やむを得ずわたしたちがこだわったのは、異なって個性的な駅空間ごとにサインが占める大きさと位置の工夫だ。表示に際して、高齢者でも見やすい文字の大きさを、先の研究会で得られた目安に従って設定した。一方で器具の外形寸法は、読みやすさを確保できる必要最小限の大きさに制限した。またどの駅でも、同種類の情報は同様な場所に掲出されていなければわかりにくい。こうした配置原則は守った。

各建築家が掲げたデザインコンセプトは次のようなものだった。元町・中華街駅「駅はグラフィカルな一冊の本になる」（伊東豊雄建築設計事務所）、馬車道駅「新・旧が交差する街に過去と未来が対比・融合する」（内藤廣）、みなとみらい駅「巨大な地下チューブ空間の『船』が躍動する」（早川邦彦）、新高島駅「モチーフは『海』と『モダン』。〝近未来の街〟を先取り」（山下昌彦・岡松敦子）。わたしたちはそれぞれの主張のなかに、次頁に示すように、共通様式のサインを置いていった（図2-16〜19）。

図２-16　地図式運賃表（元町・中華街駅）

図２-17　出口方向の指示サイン（馬車道駅）

図2-18　乗り場方向の指示サイン（みなとみらい駅）

図2-19　乗り場・出口の指示サイン（新高島駅）

†グラフィックデザインの特徴

このサイン計画のグラフィックデザインの特徴を、いくつか図で紹介しよう。

図2-20は、馬車道駅の改札口を出たところに設置した降車系の案内図だ。三連の表示面は両端の出口案内パネルと中央の駅周辺案内図で構成されている。

出口案内パネルには、営団地下鉄での導入以来全国に広がり、一九九五年に出口明示色としてJIS（日本工業規格）化されている黄色を、アイキャッチャーとして機能するように部分的に挿入した。ナンバリングされた駅出口ごとに、周辺の主要施設の名称を方向感覚をつかんでもらうために表示している。

駅周辺案内図では、駅を中心におよそ一キロメートル四方を表示した。本線の駅間距離は平均で八百メートル強なので、駅勢圏（その駅を利用する都市的な範囲）をすべてカバーしている。この沿線には横浜の観光名所が並び、水域と緑地が多い。ブルーとグリーンは人の目を引きつける力が強いので、その色彩を有効に使った。

図2-21は元町・中華街駅の乗車系案内図で、右が有名施設の最寄り駅を図解した沿線案内図、左が横浜を中心に東京までの鉄道路線網を図解した鉄道ネットワーク図だ。

この二つの図では、線形を水平線、垂直線のほか、斜め線を四十五度に限定して描いている。ゲシュタルト心理学では、たとえば山手線を丸い円としてとらえるなど、人はものを見るとき、最も簡潔な形で知覚するというプレグナンツ（簡潔性）の法則が知られている。これらの図は、この知見に従って、人の自然な知覚法に寄り添って描いたものだ。沿線案内図中のブルーとグリーンを駅周辺案内図のそれらと同色にして、駅環境にどことなく秩序を感じられるよう配慮した。

図2-22に、各駅の駅名標のグラフィックを示した。表示面の地色や書体などを設定するとき、駅ごとの固有の雰囲気に近づくよう工夫した。その結果、黒地の駅もあるし、白地の駅もあることになった。また文字がゴシック体の駅も明朝体の駅もある。

車内から確認するホーム駅名標は、掲出位置と配置間隔は一定でないと探すのに困るが、書体まで同じである必然性はない。そのことは歴史の古いパリやニューヨークなどの地下鉄を見れば、すぐに理解できることだ。そこでは時代ごとに自由な書体が使われていて、利用上、まったく不便は感じない。

駅名標に代表される駅のサインについて、わが国は一般に、生真面目すぎるほど統一性を求める。同じでないと許さない空気が、鉄道運営側にも利用者側にもある。デザイン委員会での建築家たちの指摘には、そうした硬直さへの疑問も含まれていたのかもしれない。

ともあれ、このようにして仕事を終了した。

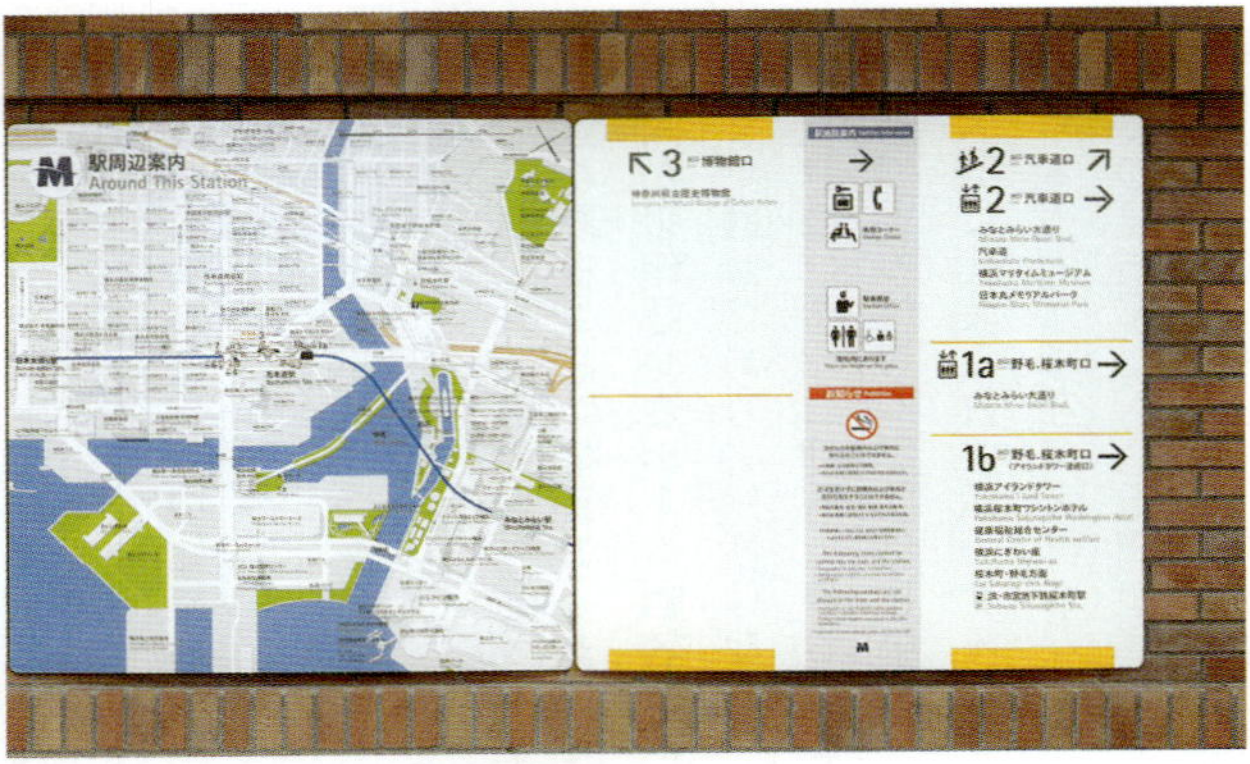

図 2 -20　降車系案内図（馬車道駅）

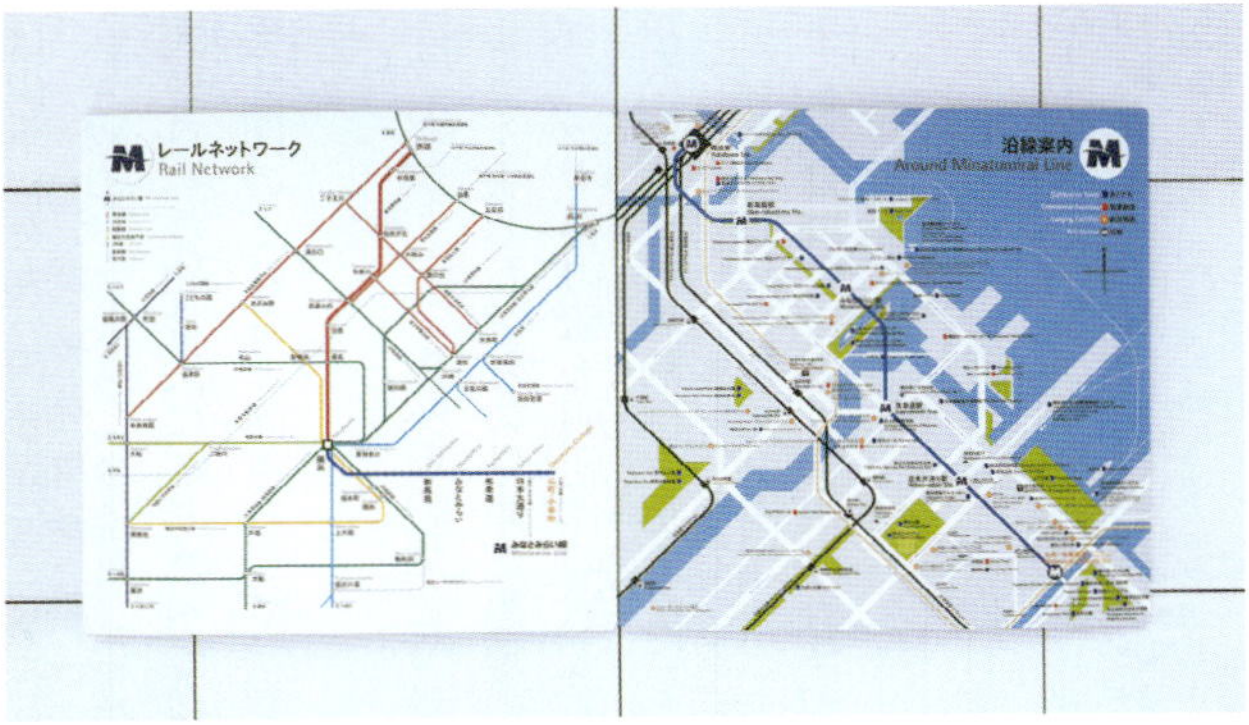

図 2 -21　乗車系案内図（元町・中華街駅）

開業後しばらくして、とても残念なできごとがあった。このプロジェクトは二〇〇六年に土木学会デザイン賞を得たが、その発表に用いられた写真には、あるはずのサインがまったく写っていなかった。対象外と思ったのか、取りつけ前の写真を使ったのだ。

鉄道駅はサインを設置しなければ完成しない。それがなければ人々が駅を利用できないからだ。土木とはcivil engineeringの訳語で、「人々のための技術」の意味。そんな分野のデザイン賞ならなおさら、利用者目線の評価が不可欠だったのではないか。

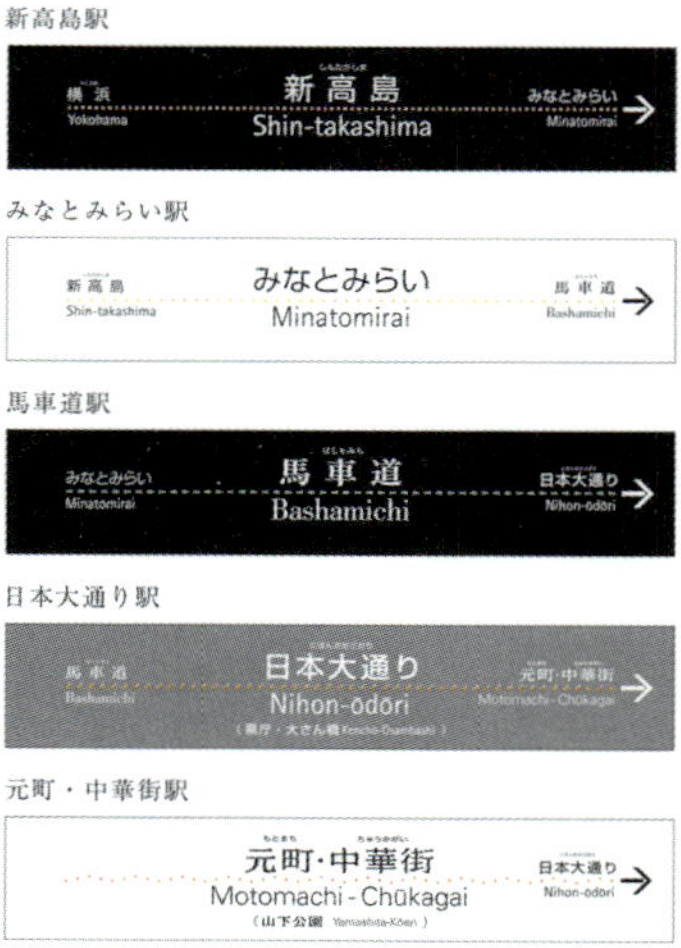

図2-22　駅ごとに表情の違う駅名標

3　つくばエクスプレス――新規鉄道のイメージ戦略

†B－カラーの設定

二〇〇五年に開業したつくばエクスプレスは、運輸政策的には第二常磐線として計画されたものだ。東京から水戸方面に向かう鉄道は国鉄（のちにJR）常磐線しかなく、一九五〇年代から二五〇％を超える混雑が続いていた。その緩和のため、新線建設の必要性が国の審議会で答申されたのは、みなとみらい線と同じ一九八五年のことだった。

当初JRによる運営も検討されたが、結局一九九一年に東京都、埼玉県、千葉県、茨城県など沿線自治体出資の第三セクター、首都圏新都市鉄道会社が設立され、同社が新線の建設運営にあたることになった。

着工して七年後の二〇〇一年二月に「新線イメージ戦略シナリオ」が公表された。この路線を経営戦略的に見ると、いかにして常磐線イメージから離れるかが重要だったのだ。ここで〝進化する鉄道・進化するまち〟というイメージ目標と、統一的なデザイン展開、継続的情報発信、環境共生型技術の導入、ユニバーサルデザイン理念に基づく施設整備、社員へのサービス教育などの行動計画が示された。また同時に、一般公募を参考に決定された「つくばエクスプレス」という路線名も発表された。

同年五月から、わたしは会社と日本鉄道建設公団（現、鉄道・運輸機構）でつくるデザイン会議に専門委員として参加することになった。イメージ戦略の具現化のため、サインとユニバーサルデザインを検討する場だ。

そこでわたしたちはサイン計画の目標を、「ブランドアイデンティティ（ＢＩ）の形成」と整理した（図2-23）。すなわち〝発展的なつくばエクスプレス〟のオリジナルイメージを伝えるには、既存鉄道と差別化されて強い印象を与えられる独自の視覚訴求要素をつくり、それをさまざまな施設や設備に横断的に展開していくことが不可欠と考えた。

まず注目したのがＢＩカラーだ。それを各種路線表示や車両のボディなどに用いて、人々が路線のイメージカラーとして感じるように図る。

つくばエクスプレスの建設予定地を車で走ってみると、緑豊かな田園風景が広がっている。そうした景観のなかを高速で走り抜ける車両には、断然赤が似合う。これがＢＩカラーの原イメージになった。また近隣鉄道の路線色を調べてみると、東武伊勢崎線、東武野田線、ＪＲ常磐線（中距離列車）などは青を、ＪＲ常磐線（各停・快速）、営団千代田線などは緑を使っていた。路線色に赤を使っている鉄道はない。

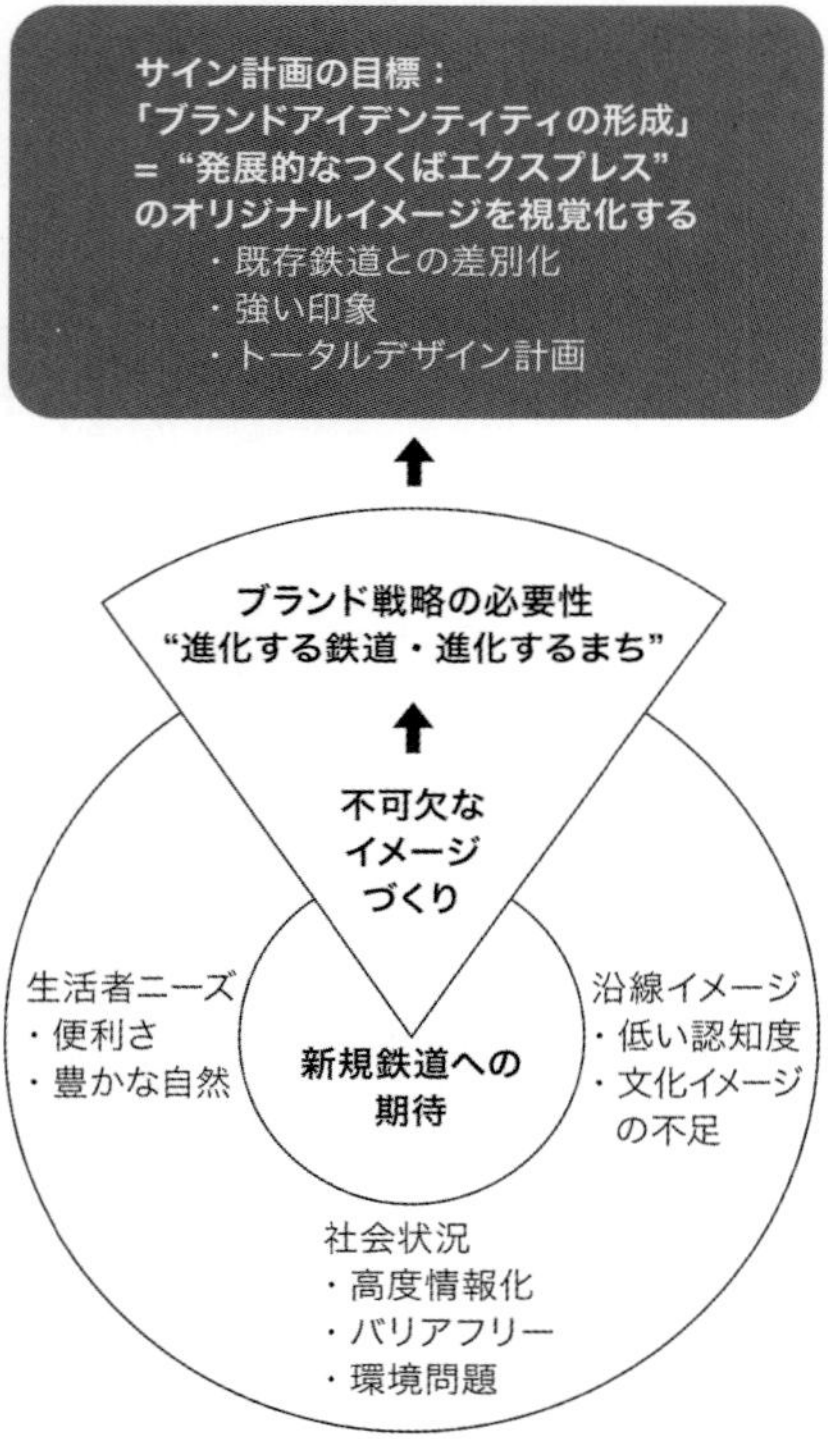

図2-23　新線イメージ戦略シナリオ（下）とサイン計画の目標（上）

このような調査を進めていたところ、グラフィックデザイナーから紺青色のロゴマークの提案があった。そこでBIカラーを「つくばエクスプレスの〝活気とエネルギー〟を表現する赤」と「鉄道システムの〝安全性と信頼性〟を表現する青」の二色に整理した（図2-24）。サインシステムでもこれらを積極的に用いることにして、JISによる出口系の黄色を加え、ホーム空間を図2-25のようにイメージした。

図2-24　2001年当時の沿線風景とBIカラー

図2-25　デザイン会議に示したホーム空間完成イメージ

†イメージ訴求とバリアフリーのデザイン

鉄道駅に設置するサインを乗車方向にたどると、駅舎外壁駅名標、駅出入り口駅名標、運賃表、コンコースの乗り場誘導標、ホーム上の番線方面標などがあり、降車系では、ホーム駅名標、ホーム上の階段・出口誘導標、コンコースで改札に向かう改札・出口誘導標、改札を出てからの出口案内標、駅周辺案内図などがある。

ここで駅名標のベースカラーにBIカラーの赤を（図2-26〜28）、乗車系誘導標のベースカラーにBIカラーの青を（図2-29、30）使うことにした。

知覚心理学の分野では、色彩に感情効果があることが知られている。赤は暖かく、青は冷たく感じられる。また赤は活発で、青は静かな感じがする。赤は血の色、情熱の色として、ハレ、パワーなどのイメージもある。青は海の色、深淵の色として、フォーマル、理性などのイメージもある。こうした感じ方が一般的な傾向として評価されていて、それらに基づく『カラー・イメージ事典』なども出版されている。

こうした知見を踏まえて導き出したBIカラーの「赤」によって、この鉄道会社の〝やる気〟を見せられ、同時にこの「青」によって、この施設設備の〝手堅さ〟を伝えることができたら、当初の訴求目的は達成できる。

サイングラフィックの検討で、最初に取り掛かったのはホーム駅名標だ。電車が駅に入っていくとき、乗客が最初に目にするサインがそれだ。イメージづくりで第一印象はとても重要だから、この駅名標から新しく洗練された雰囲気を感じられるよう書体、文字の大きさ比率、レイアウトなどを詳細に検討した（図2-28）。

駅名標に駅番号を最初に表示したのは、日本では横浜市営地下鉄だった。二〇〇二年に開催されるFIFAワールドカップに備えて導入された。わたし自身一九九七年にソウルでそれを見てきて、便利さを実感していた。慣れない言語はアルファベットで示されてもうまく発音できない。発音できないと対象の輪郭すらイメージできない。これが数字で示されると一挙に解決される。ユニバーサルデザインの典型だ。この路線でも、それを提案し採用された。

文字の大きさについて、前節で紹介した研究会による目安は、国土交通省が二〇〇一年に定めた「公共交通機関旅客施設の移動円滑化整備（バリアフリー）ガイドライン」に収録された。これは二〇〇〇年に制定された法令に沿ってバリアフリー化を進めるために、整備関係者に参照してもらう指針だ。わたしはこの草稿執筆に協力した。

具体的には、和文の大きさ（文字高）は十メートル離れて見るとき四センチは必要だ。この大きさがあれば大半の高齢者も視認できる。アルファベットは画数が少なく形がシンプルなので三センチで済む。この鉄道では、視距離二十メートル、和文十センチ、英文六センチを基準と考えた。和文は目安よりやや大きめにとった。

わかりやすい情報伝達の観点から、この鉄道で画期的なサインの一つは、ホーム上で「一番線、秋葉原方面」などと示す番線方面標だ。このサインに、時計とともに電車の発車時刻と行き先を可変的に表示する電光表示板を組み込んだ（図2-30）。

図2-26　駅舎外壁駅名標

図2-27　駅出入り口駅名標

図2-28　ホーム駅名標

普通、発車電光表示板は番線方面標とは別の場所についている。会社内の発注管理部署が違うからだ。ここではそれを一体化した。同種の情報だから当然と言えば当然だが、相当に〝やる気〟がないと実現されない。他部署との調整は何かと面倒だからだ。それがこの鉄道では実施され、ホーム空間がすっきりとして、発車関係の情報が一つの情報源ですべてわかるようになった。イメージ戦略の議論がこのやる気を生んだものと思う。

図２-29　コンコースの乗り場誘導標

図２-30　ホームの番線方面標

図２-31　改札位置の出口誘導標

✝構内案内と出口案内

この路線は延長五十八・三キロで、駅数が二十ある。起点・秋葉原方の多くは地下駅で、埼玉県の八潮《やしお》から茨城県のつくばに至る大半は高架駅だ（終点つくばは地下駅）。地下駅も高架駅も、昔ながらの地上にある駅とは違って構造が大きく立体的で、全体を見渡せないから、構内と出口の案内が充実していないと、とても利用しづらい。先に紹介したバリアフリーガイドラインでも、構内と出口の案内を充実するよう求めている。

構内案内図は、構内のエレベーターやトイレ、きっぷ売り場などの位置をわかりやすく図で示そうというものだ。特に外に出るエレベーターは、限られた出入り口だけにあって、設置の法則性も見えないから、どこにあるのか推量するのは難しい。このため改札や出入り口付近など、動線が分かれる箇所ごとにこの図を設置する必要がある（図2-32）。

この構内案内図では、JIS化された案内用図記号を活用した。案内用図記号はピクトグラムとも呼ばれ、対象を簡潔な図形に表現したものだ。人型で表した男女トイレの図記号などは、今ではほとんどの人が知っている。

図記号は、かつては国内でバラバラに使用され、図形と表示内容の関係に混乱もみられた。それを、FIFAワールドカップ開催を契機に国土交通省が標準化して、二〇〇二年にＪＩＳ化された。本線の検討のころ、ちょうど標準化がなされた時期だった。

出口案内のシステムは、営団地下鉄やみなとみらい線と同じように、駅出入り口ごとに目標となる施設名と住居表示、主要道路名をリスト化する方法をとったが、ここではそれを、構内図の余白部分にも表示した。一対に掲出する駅周辺案内図（図2-33）の駅形が小さくなるため、駅出入り口と目標施設の対応関係を明確化するためだ。

駅周辺案内図は、標準的に一・五キロ四方を描いた。人間の歩く速さは毎分五十から百メートルと人により幅がある。中間値（毎分七十五メートル）でみると、この図は駅から半径七百五十メートルをカバーしているので、徒歩で十分程度の範囲を示す。都内では普通、徒歩六〜七分の範囲を描く。ここでは広く描いた結果、駅形が小さくなった。

構内案内図と駅周辺案内図を並列して表示するとき、図の向きを合わせる配慮が必要だ。一方が大きく、他方が小さくとも、同じ向きなら対応関係が理解しやすい。また歩行範囲を示す図の場合、第1節で紹介したように、地理学式に北を上に描くより身体座標に基づくほうが断然わかりやすい。

この新規鉄道では、「開業二十年後に単年度黒字」という当初目標を、わずか四年後の二〇〇九年度に達成できた。この路線イメージがここに住みたいという人々の動機に結びついているとしたら、このプロジェクトは成功と言えるだろう。

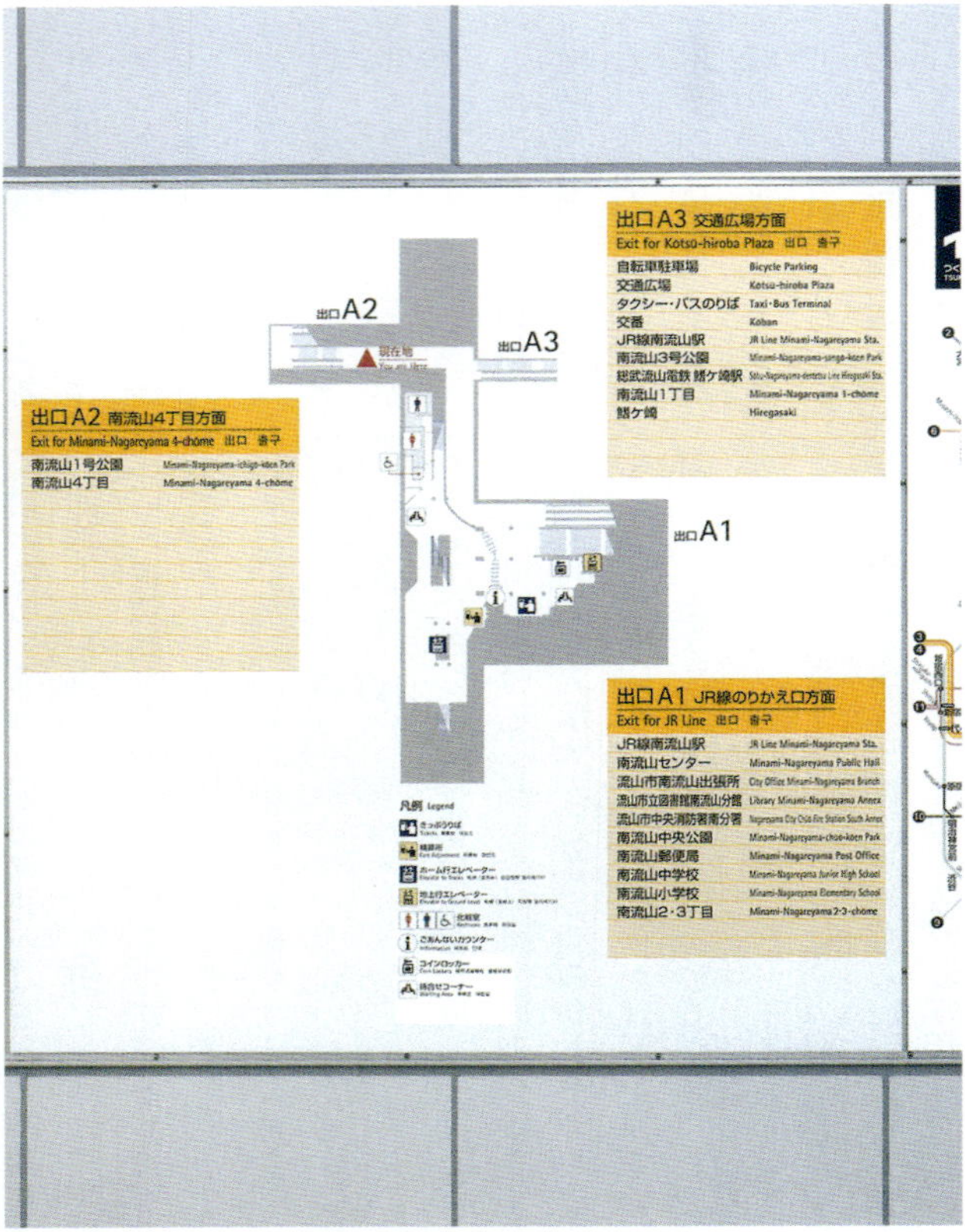

図2-32　構内案内図（南流山駅）

図 2-33　駅周辺案内図（南流山駅）

4　横浜ターミナル駅――はじめてのコモンサイン

†検討のきっかけと利用者動線分析

一九八〇年に営団理事に同行して欧州地下鉄の旅客サービスを現地調査したとき、ドイツのハンブルクで、運輸連合という方式が採られていることをはじめて知った。同じ都市圏内の鉄道、バス、フェリーなどが共通運賃制度で運行され、国鉄と地下鉄の案内表示は統一されていた。つまり輸送モード間の垣根や事業主体の相違を感じさせないシームレスな公共交通サービスが、実に一九六五年から提供されていたのだ。

一九九三年に日本鉄道技術協会（ＪＲＥＡ）から研究案件について相談を受けたとき、すぐにハンブルクの例を思い出した。日本では特に大規模な駅で、鉄道自体はネットワーク化されているのに、案内上そのネットワークが示されず、利用者が不便を被っている。この問題を指摘した。実際、池袋でも新宿でも、駅の案内表示が会社ごとに違っていて、どこでもあたりまえのように自社情報を優先して表示していた。

ＪＲＥＡの研究補助申請がきっかけになって、一九九五年から交通アメニティ推進機構

（現、交通エコロジー・モビリティ財団）が主体となり、高齢者・障害者の円滑な交通利用の観点から、横浜駅をモデルに案内サインの研究が行われることになった。前二節で触れた研究会とは、この「人にやさしい案内サインの研究会」のことだ。

横浜駅はすでに五つの鉄道会社が乗り入れ、一日およそ二百万人が利用する大規模駅だった。そこでも例にもれず、鉄道会社ごとに管理するエリア内では、その会社中心の表示が行われていた（図2-34、35）。利用者からみると、乗り継ぎ先の改札口その他の情報がとても見つけにくくなっている。研究会では、他駅の調査も加えて、特にターミナル駅では、共用部分全域を一体的にとらえたサイン計画の検討が必要と整理した。

同研究会に委員として参加していた横浜市は、この議論に大いに関心を持ち、市独自の「横浜ターミナル駅案内サイン基本計画」をＪＲＥＡとわたしたちに委託してきた。折から横浜市では、みなとみらい線開通を機に、これまであった中央通路に加え、駅の北部と南部に新しい東西自由通路を設けて、さらにこの三本を縦につなぐ南北連絡通路も設けるという大規模な通路整備事業をスタートさせていた。

わたしたちはまず、整備後のターミナル駅の利用者動線分析を行った。ＪＲ線と京急線では、新たに北部と南部の通路に改札が増える。東急線のホームは高架から地下五階に移り、みなとみらい線（ＭＭ線）と相互直通運転を行う（図2-36）。

図２-34　JR線以外の改札口方向がわかりにくいサインシステム（1995年当時）

図２-35　JRの営業広告があふれていた中央通路（1995年当時）

入場動線はターミナルの西側と東側の計六つの出入り口で発生する。出場動線と乗り継ぎ動線はＪＲ、京急、東急ＭＭ、相鉄、地下鉄の計十四改札口で発生する（図２-37）。

この計画で最も重要なのは、サインによってこの駅の空間構成をいち早く理解できるようにすることだ。そのためにはどの方向に乗り継ぎ先の改札があるか、ターミナル出入り口があるかを、動線上いつでも確認できるようにすることが必要だった。

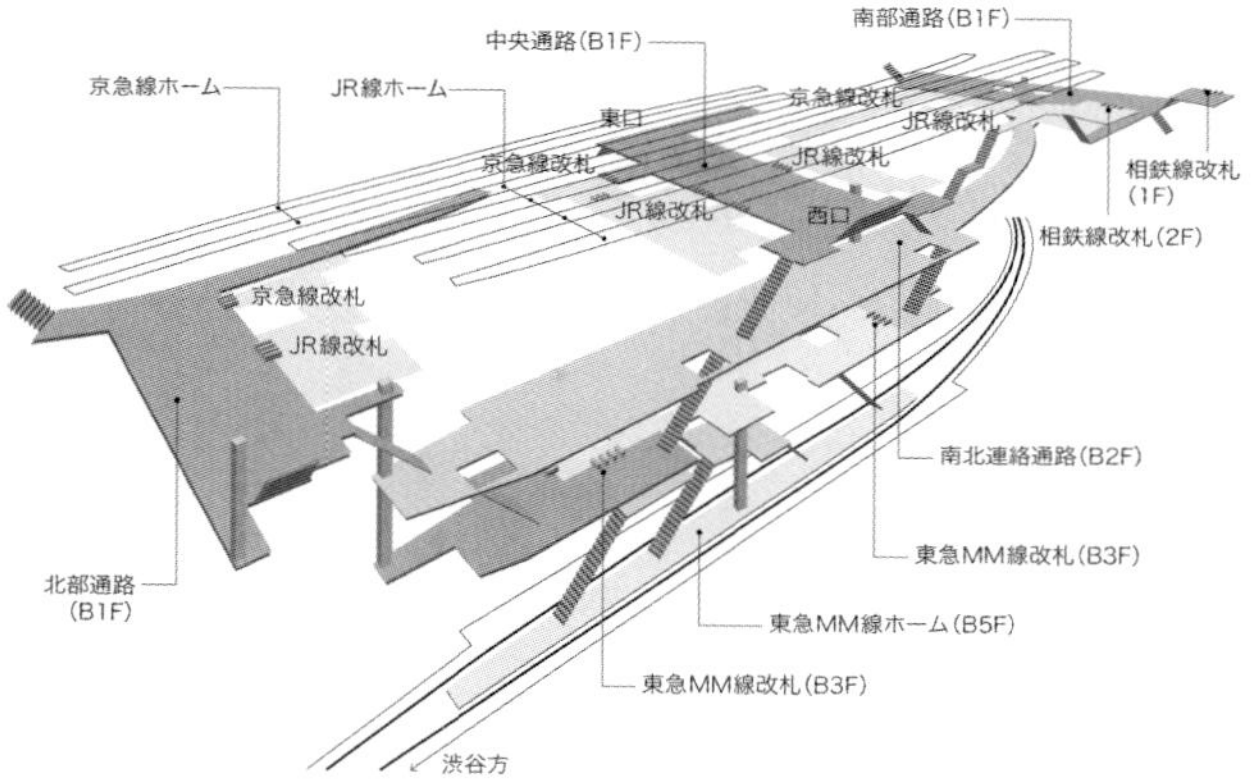

図2-36　整備後の空間構成（基本計画時作成、一部現況と異なる）

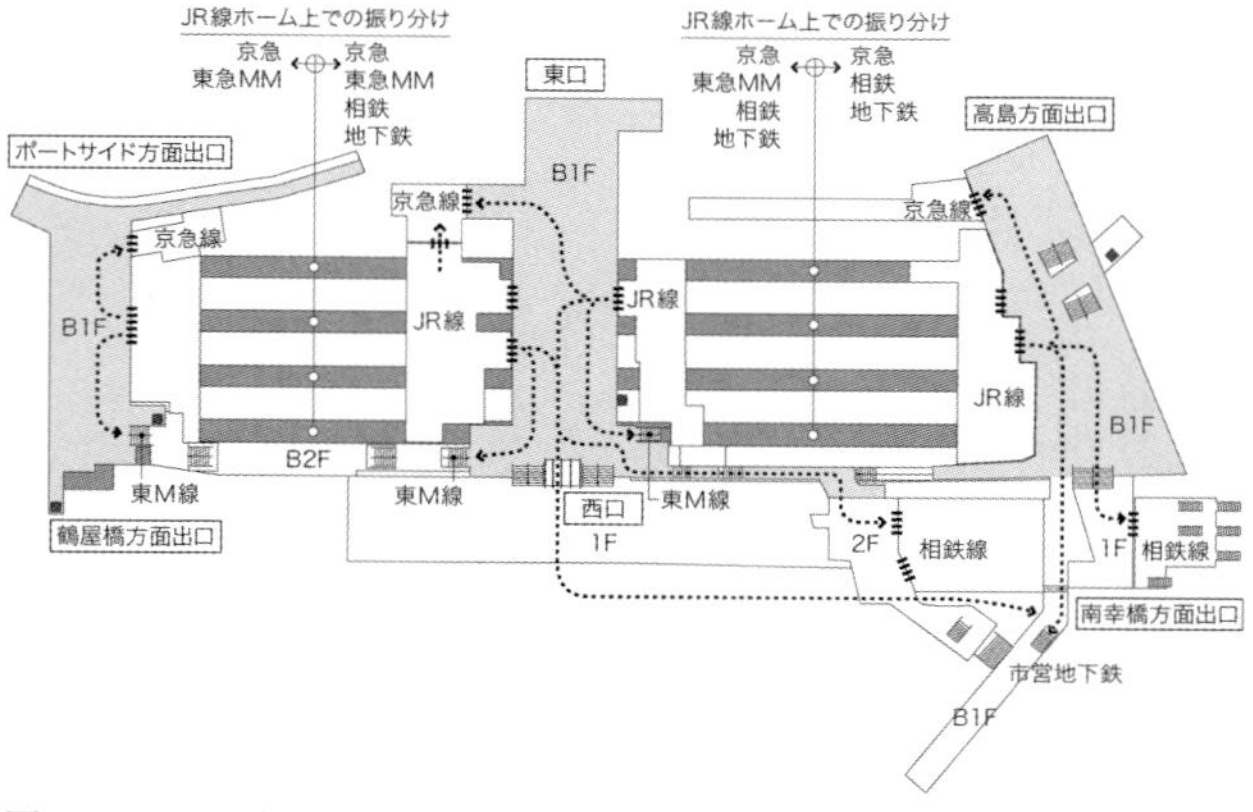

図2-37　利用者動線分析のうちJRからの乗り継ぎ動線図

†コモンサインシステムの提案

まず各鉄道会社が管理しているエリアのうち、利用者が自由に通行できる公共的な空間領域を「コモン（共有の）スペース」、改札口や商業施設付近など特定の施設利用に絞られる空間を「ローカル（特定の）スペース」として区分した。

これらの区分は、誰もが自由に行き来できる中央通路、北部通路、南部通路、相鉄・地下鉄連絡エリア、南北連絡通路のすべてに設定した。南北連絡通路以外の通路・エリアは六つの出入り口で街に接しているので、〝道〟代わりに通り抜ける人も大勢いる。

コモンスペースには、移動する人々が共通に必要な「コモンサイン」を、ローカルスペースには、その施設利用者が特に必要な「ローカルサイン」を設置する。前者がこの計画の対象で、きっぷ売り場や改札口名の表示などのローカルサインは、各社の判断で設置することにした（図2-38）。

このコモンサインのシステムは、施設の方向を指し示すディレクション（D）サインと施設等の位置関係を図解するマップ（M）サインによって構成した。Dサインには、入場系（各鉄道改札口への方向指示）、出場系（各ターミナル出入り口への方向指示）、一般系（エレベーターと案内所への方向指示）などの種別を定めた。コモンスペースに置くMサインは、当初構内案内図と駅周辺案内図の二種を設定したが、のちに乗り換え経路案内図を追加した。

情報を簡潔に伝えるには、用語の統一が重要だ。これまで会社ごとの判断で表示していたため、ターミナル内の同じ施設や同種の施設の名称がまちまちだった。これらの用語を全体的に整理して統一した。英語表記も同様とした。また表示言語は、表示スペースが限られていることから、この地域の母語である日本語、国際語としての英語、日本語や英語を解さない人にもわかるピクトグラムの三種に限定した。

Dサインは移動しながら視認できるように、動線と直交する方向（対面視できる向き）に天井からつり下げて掲出した。器具の大きさは、標準的に縦は五十センチで統一、横は三から六メートルの幅で数種を設定した。Mサインは縦百五十センチのものを集約して並べ、立って見る人も車いすから見る人も共通に見やすいように、画面の中心を床から百三十五センチの高さとした。

サイン表示面のベース色は、入場系は紺、出場系は黄色、その他は白またはグレー。文字色は紺地・グレー地では白、黄地・白地では黒とした。紺地白文字は、雑然としがちなターミナル駅で、人の目を引き付けやすい利点がある。出場系の黄色地黒文字は、ＪＩＳの出口明示色の規格に準拠した（図2-39、40）。

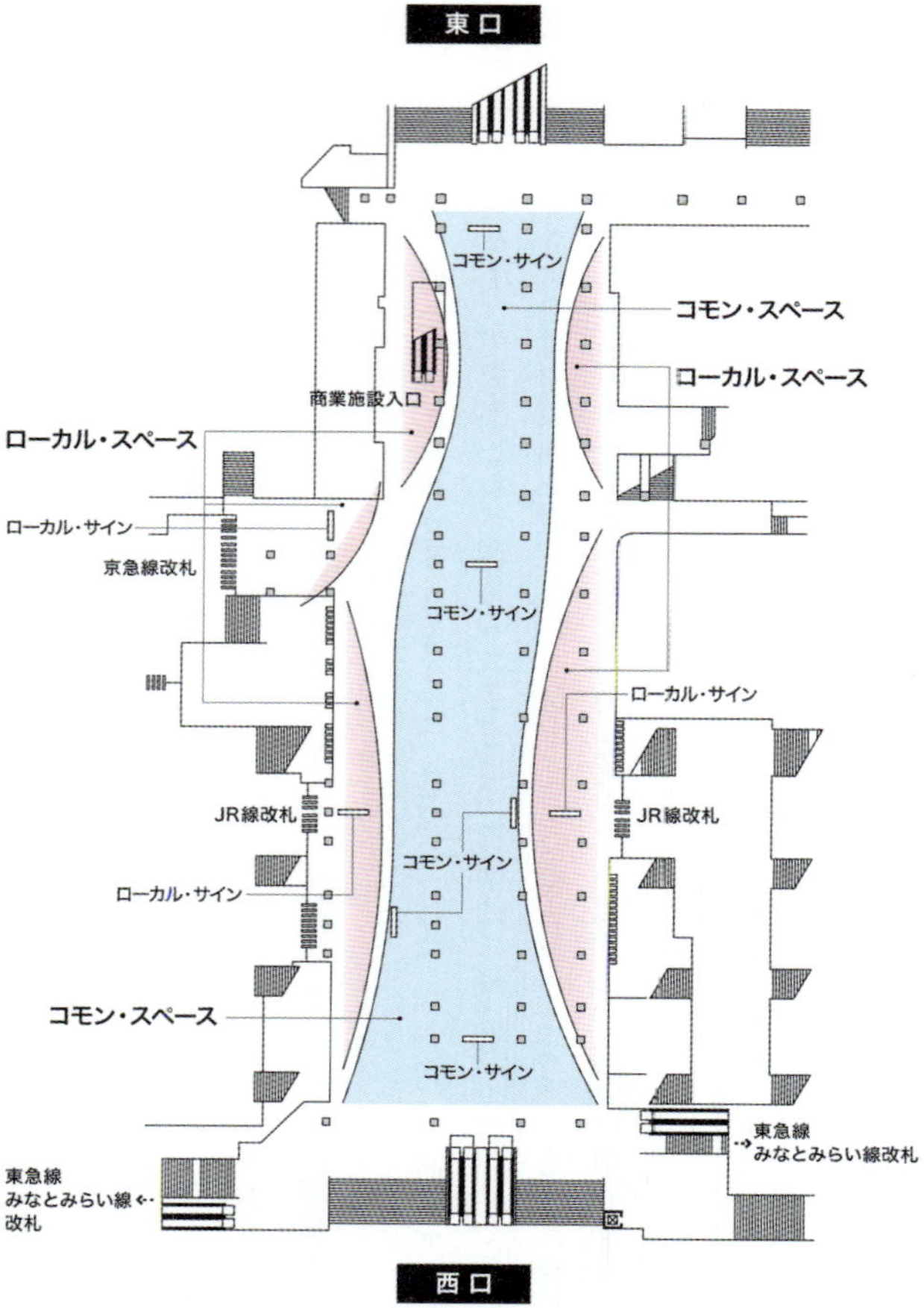

図2-38　コモンサインシステムのイメージ図

図２-39　2008年に完成した中央通路のＤサイン

図２-40　2004年に完成した北部通路のＭサイン（2006年に乗り換え経路案内図を加えている）

Dサインの文字高は、人混みの多さを考慮して一般より大きい和文十二センチ、英文九センチを標準とした（図2-41）。英文書体には、つづり幅を抑えながら、スマートな印象を与えることができるローティスを用いた。和文と英文はそれらを一対に組むのが普通だが、ここではレイアウトスペースを節約するため、文字列を独立的に扱った。そうしてもおのおのの読みやすさに問題は生じていない。情報の掲出順序、矢印の使い方などレイアウト上の文法は、ＩＳＯ技術レポートが推奨する方法に従った（図2-42）。

†利用者目線の改良

このプロジェクトは事業全体が難工事で長期間を要したため、切り替え期の備え不足で大混乱を生じさせてしまった。しかし一方で、整備途中に利用者のチェックの目が入ったことで、完成までに、ていねいな改良が加えられる結果ももたらした。

まず二〇〇四年の二月に東急東横線が地下化し、みなとみらい線が開業して北部通路、南部通路、南北連絡通路の供用が始まると、「横浜駅がわかりにくくなった」「出口がどこだかわからない」との批判が相次いで横浜市に寄せられた。

それまで高架にあった東急線が地下五階に移動し、中央通路一本しかなかった自由通路が、東西三本・南北一本に増えたのだから、わかりにくくなったのは当然だった。さらに二〇〇一年から検討が再開されていたこのコモンサインの整備は、北部通路と南北連絡通路で設置が進んでいたが、これから改修工事の始まる中央通路は、以前のサインが掲出されたままの状態だった。中央通路のサインが完成したのは二〇〇八年五月のことだ。

利用者からの指摘で改良した項目には、次のようなものがあった。

①出場系Dサインに「高島屋」「そごう」の商業施設名を追記した。②構内案内図と駅周辺案内図の表示範囲を狭めて図を一段と大きく、かつシンプルに描き直し、文字も大きくした。③駅出入り口にエレベーター経由乗り場案内図を掲出した。④Mサインに乗り換え経路案内図を追加した。

アンケートをとってみると、八割を超える人々が西口では「高島屋」、東口では「そごう」を移動の手掛かりにしていることがわかった。出入り口名称より商業施設名のほうが、圧倒的に知られていたのだ。また構内案内図と駅周辺案内図の改良では、正確であるよりシンプルであるほうが断然理解しやすいことが再確認された。

この駅では、どの改札口から入っても、ホーム行きのエレベーターを使えるわけではない。場所によっては遠回りしなければ利用できないことを伝えるため、駅出入り口にエレベーター経由乗り場案内図を掲出した（図2-43）。乗り換え経路案内図では、平面図のほかその場での移動方向を図解する立体図も併記することにした（図2-44）。

図 2 -41　人混みのなかで見やすさを徹底したグラフィック

図 2 -42　ISO 技術レポートに従った方向指示のレイアウト

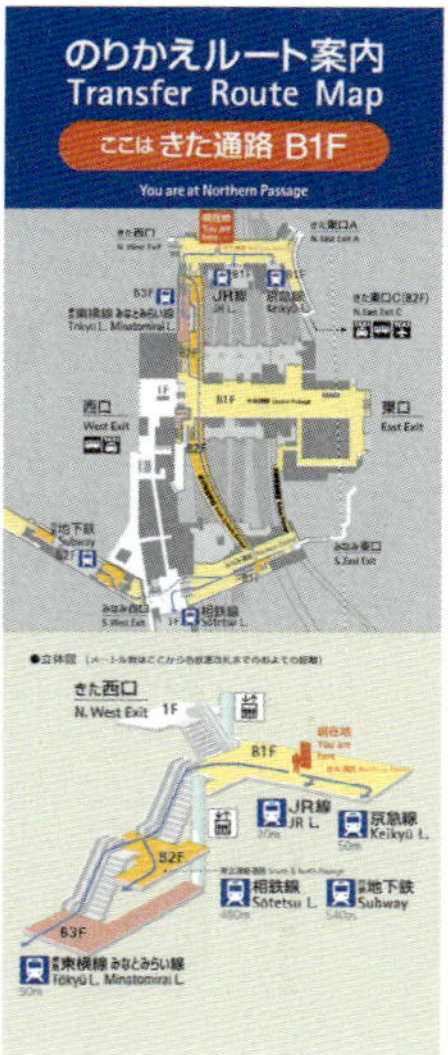

図２-44　乗り換え経路案内図のグラフィック

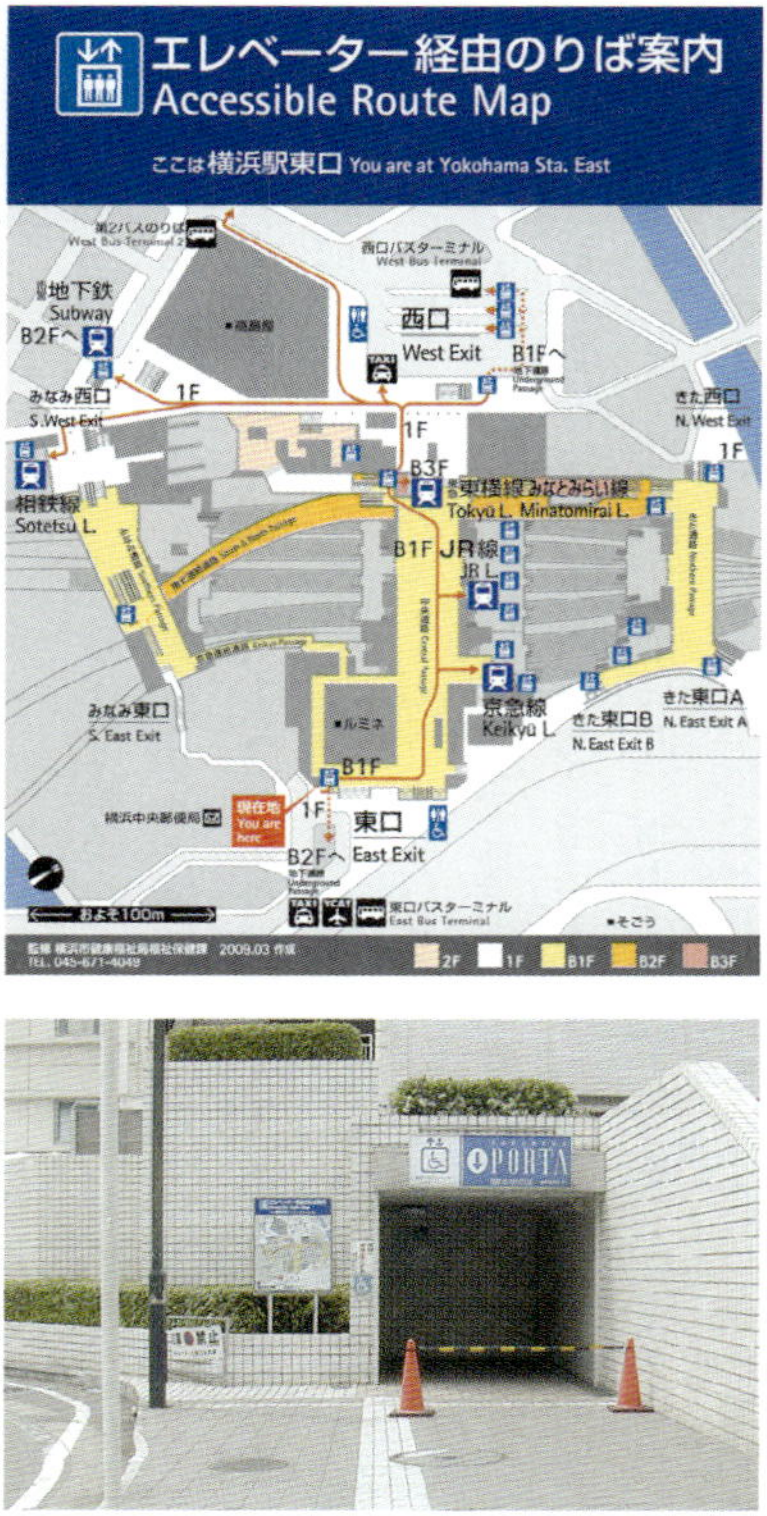

図２-43　エレベーター経由乗り場案内図のグラフィック（上）と掲出状況（下）

中央通路ののち南部通路の整備を終えて、このプロジェクトは十五年の歳月を経て完了した。行政が一貫して行司役を果たしたが、鉄道会社が負担しあってコモンサインを整備したのは、わが国ではこの横浜駅がはじめてだ。

この方式が日本全体に広がっていくかどうか、それはそれぞれの地域に住む人々が公共交通をどのように考えるかにかかっている。

†HVVの案内サイン

本節冒頭に紹介したハンブルク運輸連合（HVV）の案内サインについて、わたしたち調査団が入手した資料には、次のように示されていた。

国鉄駅と地下鉄駅共通に適用するサインの種類と設置場所を整理した「ハンブルク電車網の表示式旅客案内システム」（図2-45）が発表されたのは、一九七二年のことだった（偶然にも、営団地下鉄のシステムを立案した時期と重なっていた）。

国鉄駅の入り口は「S」のマーク、地下鉄駅の入り口は「U」のマークで示す（図2-46）。乗り継ぎ駅で相互の施設方向を指示するほか、時刻表には国鉄と地下鉄両方のダイヤを表記する。また交通案内図にも、両方の路線をネットワークとして示す。

事業者の協働で行うこの方式は、今日ではドイツ全土に広がっているという。

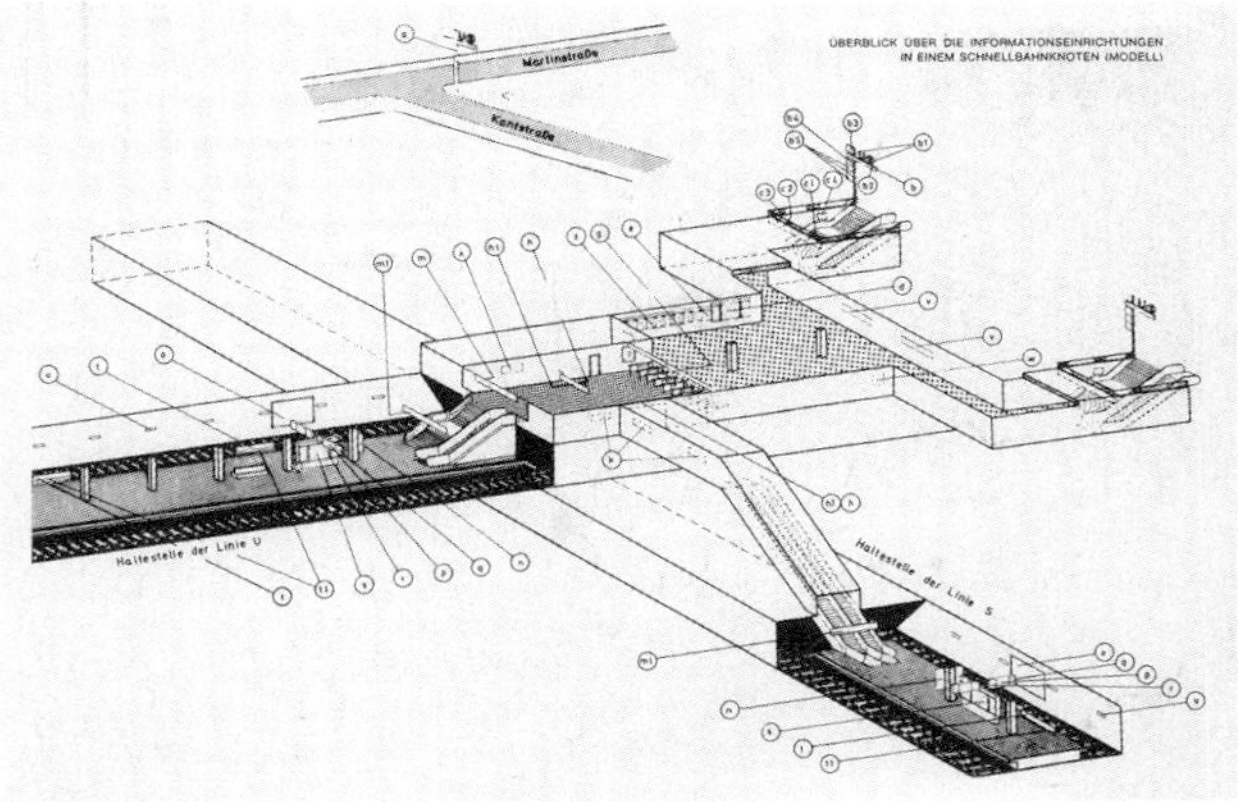

図２-45　HVV サインシステムの配置基準図

図２-46　国鉄駅入り口を示す「Ｓ」マークと地下鉄駅入り口を示す「Ｕ」マーク

第3章

空間構成

上の写真は東京メトロ千代田線国会議事堂前駅の五番出入り口の踊り場。立地の事情から敷地が広く、比較的ゆったりとした内部空間が得られた。この章では、わたしたちが取り組んだ空間構成の実例について、わかりやすさと心地よさを得るために用いたデザイン手法を紹介する。

1　仙台市地下鉄南北線——筋道の見える場面をつくる

†地下駅の外壁を現す

一九八七年に開業した仙台市地下鉄南北線の建設にあたって、そのトータルデザイン検討を委託されたわたしたちは、一九八二年から二カ年にわたって、駅の空間構成計画を提案する機会があった。実はそれ以前、営団地下鉄のサイン計画を進めていたとき、空間自体にも意味を伝える力があるので、それに着目して駅をデザインすれば、もっとわかりやすく、かつ魅力的にできるはずなのに、とわたしたちは考えていた。

仙台の街は南から北に向かって段丘になっている。市内のどこからでも西側に山を眺められ、北方の起伏へと続いている。その山の麓に広瀬川が流れている。都心の道は広く直線的で、街路樹が豊富だ。ビルは高くなく空が広い。東京と比べて人々の歩く速度は明らかに遅い。したがって街がゆったりとした雰囲気を持っている。これらの総計が〝仙台らしさ〟だ。杜の都仙台にふさわしい地下鉄を建設するために、他の地域にないこうした要素こそ、駅空間に取り込みたい原イメージだった。

都心から北に四駅ほど離れた旭ヶ丘駅は、住宅地と台原《だいのはら》森林公園の狭間に建てられる駅だ。東の住宅地のほうがレベルは高く、そちらから見ると地下駅、反対の公園から見ると地上駅になる。駅の上には都市計画道路が、また東の駅前には住宅団地群に向かうバス乗り場が設けられる。

ここでわたしたちは三つのことを提案した。

一つ目は、東側の駅前広場をオープンカットして昇り庭とし、駅の外壁を外から見えるようにするというものだ。地下駅がわかりにくい最大の理由は、それが地中にあって外から見えないこと。外壁が現れれば、どこに駅があるか一目瞭然になる（図3-1）。

二つ目はコンコースの公園側にバルコニーを設けて、駅と公園をつなぎ、先の案と併せて街と公園の連絡路を確保するというもの。それまであった市民の散策路を、新しくつくる地下鉄が分断してしまうようなことは、あってはならない（図3-2）。

三つ目は、駅のコンコースからもホームからも公園が見えるように、公園側には壁を設けず列柱に仕上げること。屋内から外が見えると、季節感や天候、時間、人々の様子など、いろいろなことがわかる（図3-3）。

このうち二番目と三番目の案は実現した（図3-4、5）。一番目の案は、予定地に四階建てのバスターミナル兼市民センターが建設されることになり、実現には至らなかった。

図3-1　昇り庭を設けて駅の外壁を見せる提案

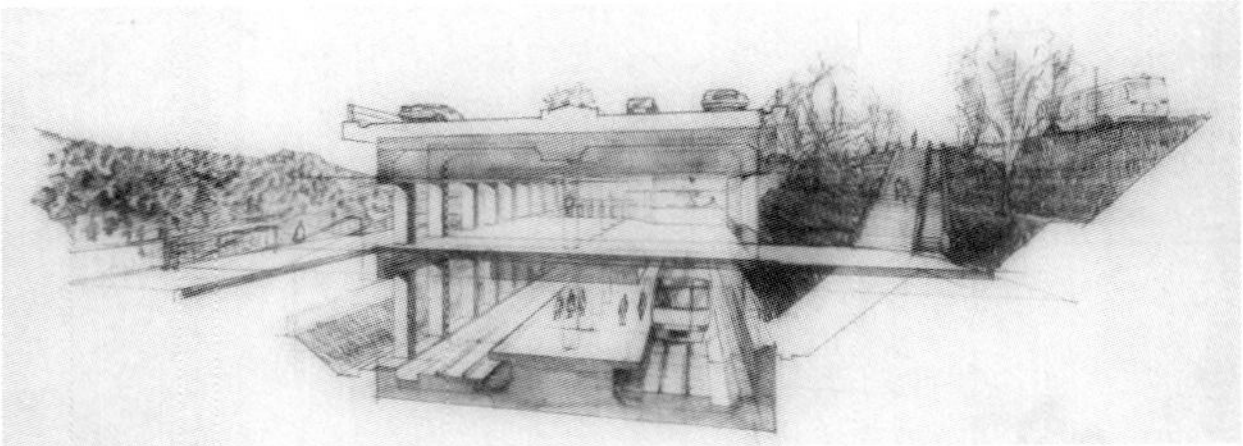

図3-2　改札広間を公園連絡路として活用する提案

図3-3　公園側ファサードを列柱仕上げとする提案

図３－４　旭ヶ丘駅の公園側完成状況

図３－５　コンコース階から公園方向の眺め

†都心駅に自然を取り込む

この地下鉄の都心駅は、新幹線や東北本線とつながる仙台駅、商業・業務の中心地の広瀬通駅、県庁や市役所のある勾当台《こうとうだい》公園駅の三つだ。勾当台公園というのは県庁のすぐ前にある公園で、伊達政宗ゆかりの言い伝えのある屋敷跡。都心にありながらヒマラヤ杉に囲まれて、市民の憩いの広場になっていた。

勾当台公園駅の計画では、緑豊かな周辺環境を駅とどう結びつけるかを検討した。

一次案ではドライエリアを提案した。ドライエリアというのは、採光や換気のために地下外壁に沿って設ける空堀のことだ。ここでは地下一階の改札前に広めのドライエリアとそれに沿って地上に至る階段を設け、地下に外光を入れると同時に、階段を上りながら公園のヒマラヤ杉が視野に飛び込んでくる仕掛けを計画した。地下の屋外広間には彫刻を置いて、改札を出てきた人々の目を楽しませる（図3-6、7）。しかしこの案は、道路の付け替えで公園が分断されることになり、検討止まりになった。

二次案では光広間を提案した。改札から市役所に向かう出入り口通路の途中に広間を設けてその空間を地表まで抜き、ガラスの屋根で覆って光を地下広間まで落とし込む。この地上部は付け替え後の公園内にあった。ここにガラスを使ってなかの見える（シースルー）エレベーターを置き、バリアフリー出入り口としても活用する。地上のガラス屋根はピラミッド状につくる。その独特の形で地下鉄入り口を印象づけ、夜には外に漏れる光で、出入り口であることがすぐにわかるはずだ（図3-8）。

この案に仙台市交通局は大いに関心を示し、局内合意にまでたどり着いた。しかし建設省（現、国土交通省）から「こんな遊びごとをするなら補助金をカットする」と言われて、結局、建設を断念することになった。

バリアフリー・ルートを確保して、普通には人工照明に頼るしかない地下空間に自然光を取り込むことは、果たして〝遊びごと〟だったのか。多くの既存駅のように、屋外と断絶した地下駅をつくることが、ほんとうに真摯《しんし》なことなのか。のちにオープンしたフランス・ルーヴル美術館出入り口のガラスのピラミッドが、世界中の人々から賞賛されたことを思い返してみよう（この計画はわたしたちの提案の一年後に発表された）。先のことは、わが国行政の想像力の欠如と公共意識の貧困さの証左ではなかったか。

そののち都心から少し南に下った愛宕橋《あたごばし》駅の出入り口が検討された。ここでようやく、トップライト（天窓）を設け、壁のない構造を採用して、外光が屋内に深く入り込む出入り口ができあがった（図3-9）。ささやかではあったが、局内技術者の裁量できる範囲内で、局とともに掲げたデザインポリシーが実現した。

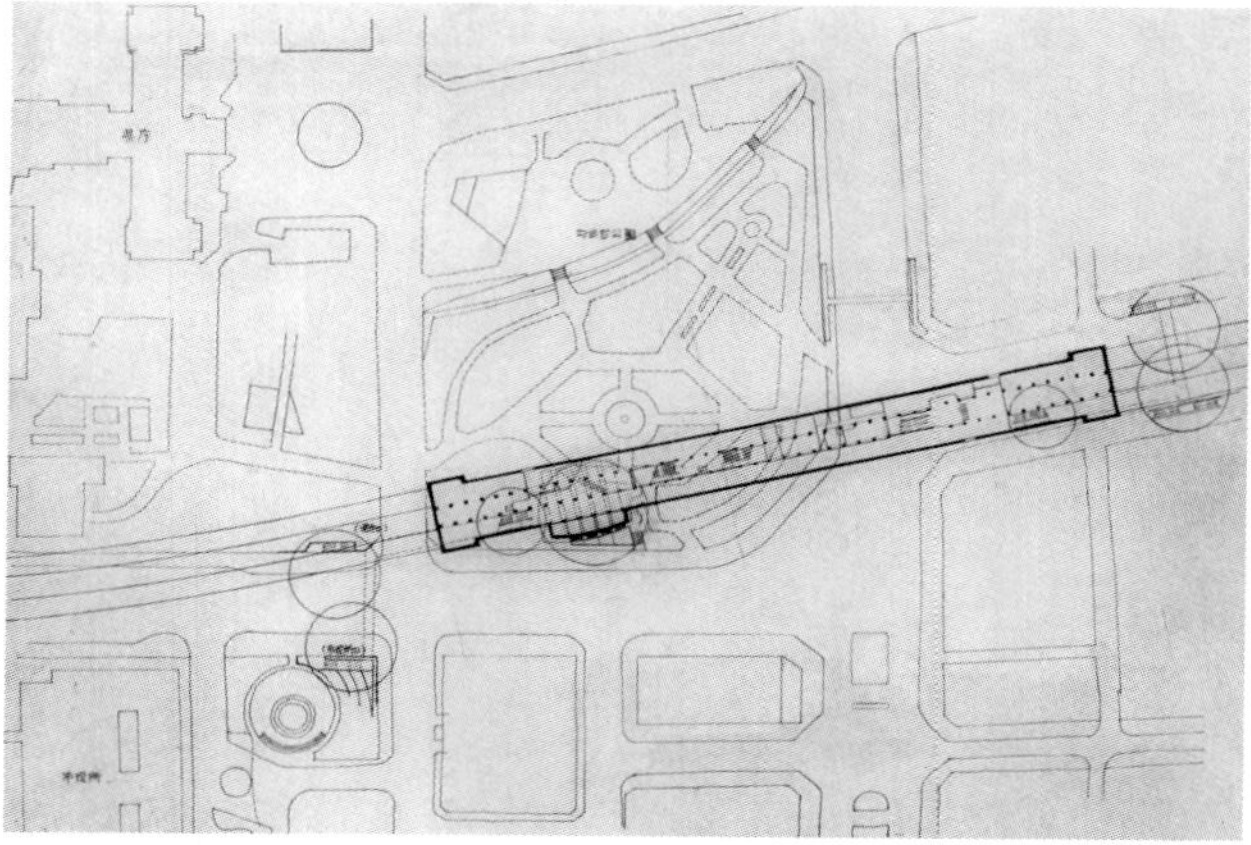

図３－６　一次案：公園と駅コンコースの位置関係

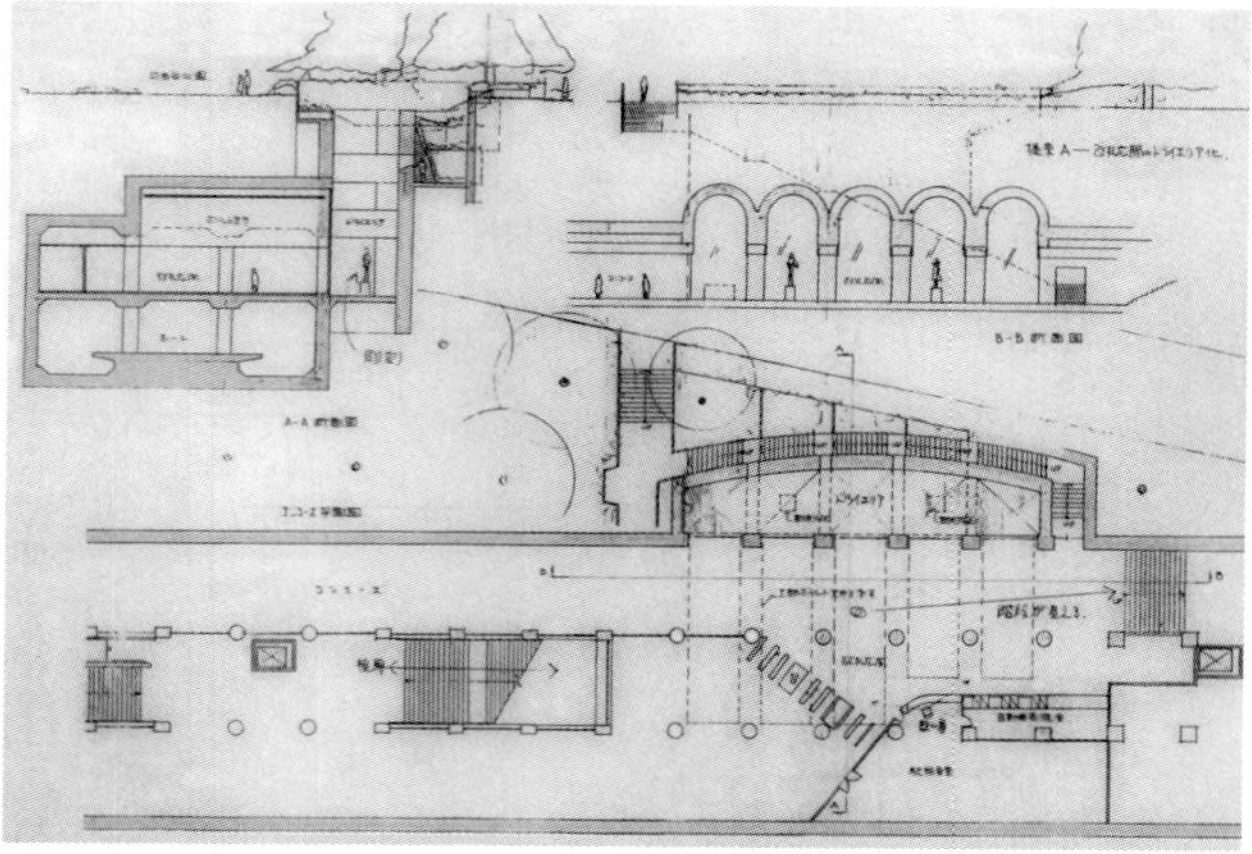

図３－７　一次案：上左・横断面図、上右・展開図、下・平面図

図3-9　外光が深く入り込む愛宕橋駅出入り口

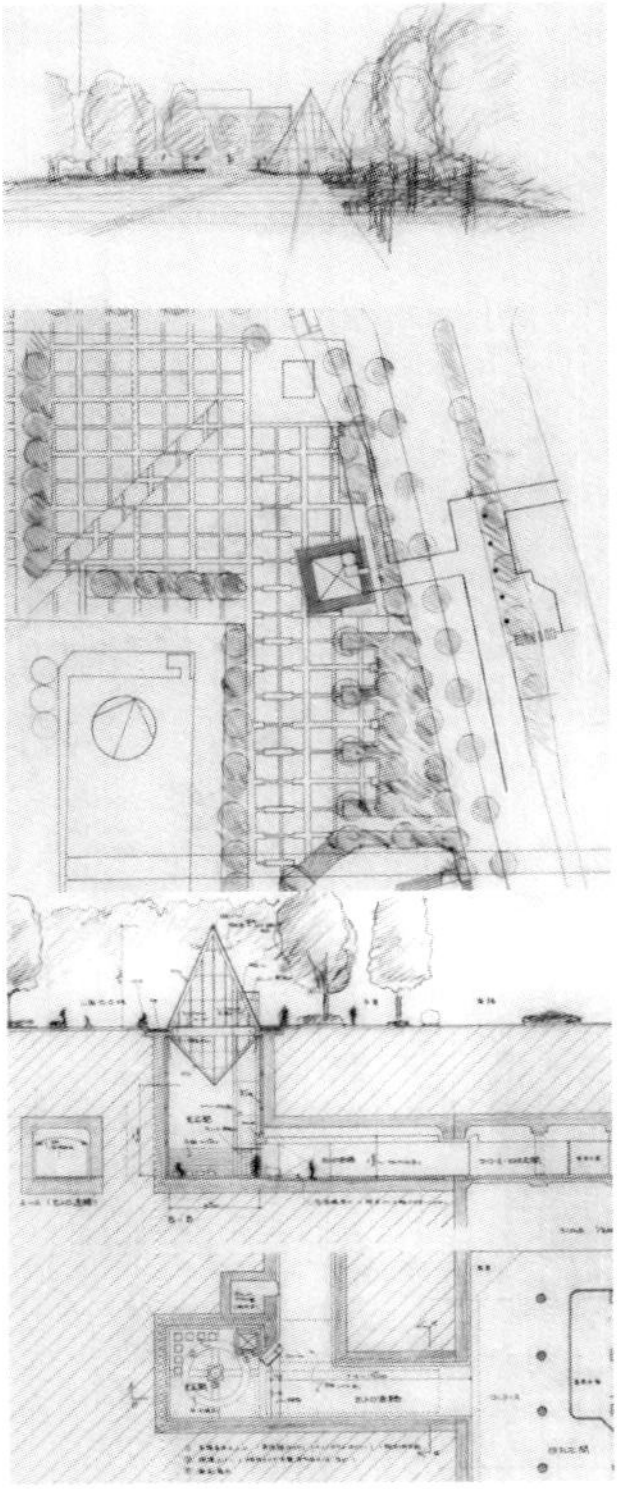

図3-8　二次案
上・公園内からの眺め
中・出入り口周り平面図
下・断面図と平面詳細

†標準駅のデザイン

鉄道駅の空間は、大別すればコンコースとホームから成る。南北線十六駅（当時）のうち十一駅は、地下一階がコンコース、地下二階がホームという標準的な地下鉄駅の構造をしていた。その空間構成のデザインについて次のように考えた。

まずコンコースでは、移動経路を目に見えるようにするため、長手方向に連続する壁面全体を明るくして、〝駅の背骨〟を現す。また改札口周辺の天井に膨らみを持たせて空間容量を大きく取る。さらにここが駅利用行動の転換点であることを強調するため、照明ラインを改札外から内へ連続させ、ほかより一段と明るい空間とする（図3-10）。

ホームはすべて島式《しましき》（上り線と下り線の真ん中に乗降場がある形式）、管区二駅は二列柱、その他は一列柱構造だった。ここで両タイプとも、線路向こうの壁面（「対向壁」）の上部を曲面にしてホーム全体を包み込み、その壁全体を明るくする。こうすることでホームが一層広く感じられるはずだ。ホーム天井の長手に膨らみを持たせて、ここが安全で電車を待つのにふさわしい空間であることを示す（図3-11）。

標準駅の空間構成で特に重要なのは、上下方向に移動する場所での見通しの確保だ。コンコースにいてホームの様子が、ホームにいてコンコースの様子が、すぐにわかるほうが誰にとっても移動しやすい。そのためホームに下りる階段正面の腰壁《こしかべ》をできるだけ小さくして、視界をふさがないよう留意する。また階段脇の壁面は、ガラス材を用いるなどして、できるだけ開放的につくる（図3-12）。

実施に至るプロセスで、多くのアイデアが消滅し、改札広間とホーム空間のデザインのみ一部の駅で残った。わたしたちのねらいは、全駅を通して、空間自体の持つ情報性に着目し、環境をよりわかりやすくするという点にあったが、基本計画のみを行う立場では限界があったように思う。

人と人のコミュニケーションは、場面と言葉があってはじめて成立する。鉄道駅でのコミュニケーションとは、施設提供者と利用者の間で行われるものだ。その際、言葉を示しているのがサインだが、場面を提供するのは空間構成だ。コミュニケーションが成立し得ない場面しか提供できないとしたら、それはデザイン力のなさを示している。

別のかたちで言えば、サインはメディアなので、空間の名称を伝えたり、運行情報やサービス情報を提供することが本来の務めだ。駅の空間において人々の自然な流れを生み出すには、まず空間構成がそうした目的意識をもってデザインされていなければならない。この計画をきっかけに、やがて本格的な環境コミュニケーションデザインの議論があちこちで起きてくることが期待された。

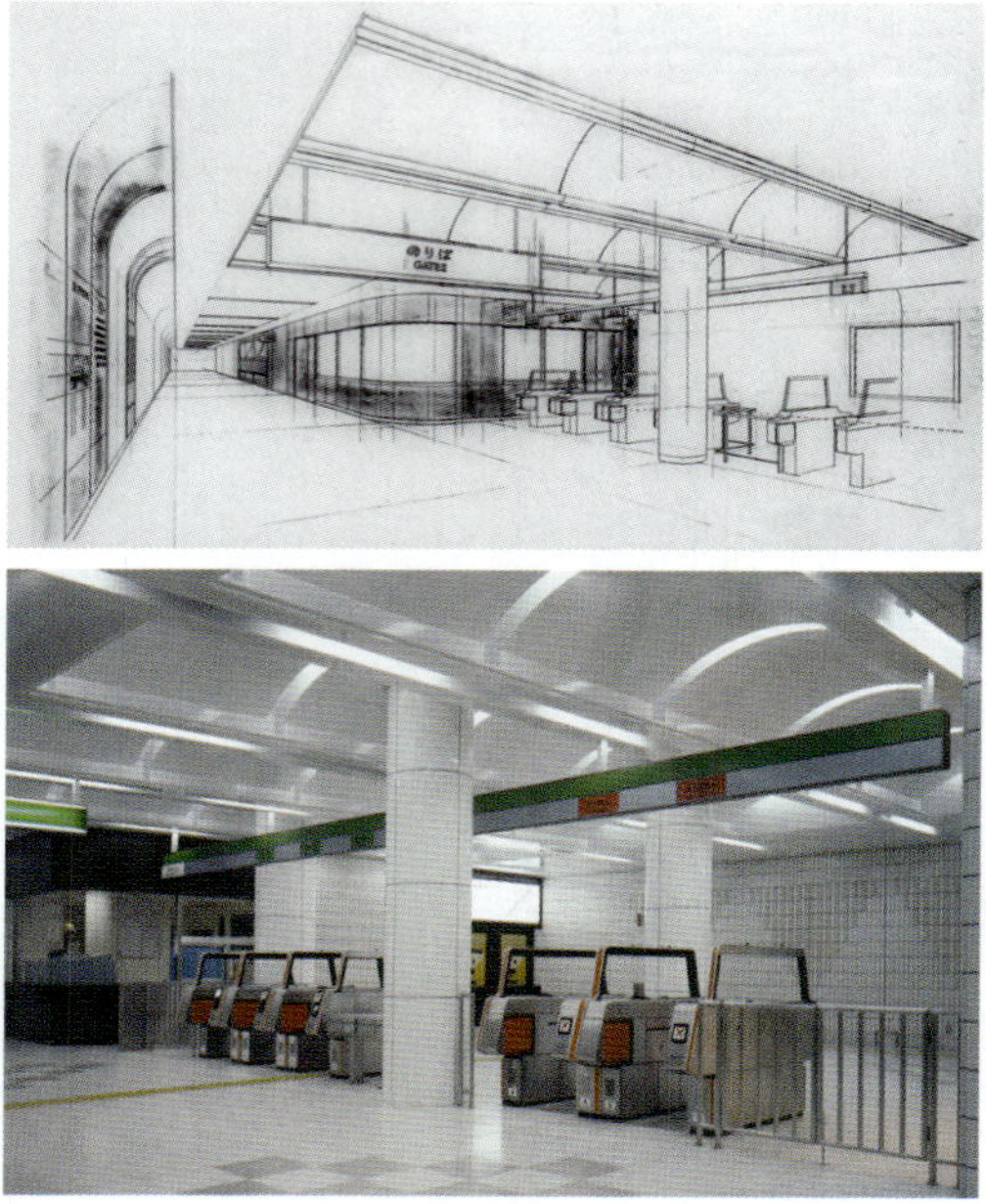

図3-10　コンコースの検討図（上）と愛宕橋駅完成写真（下）

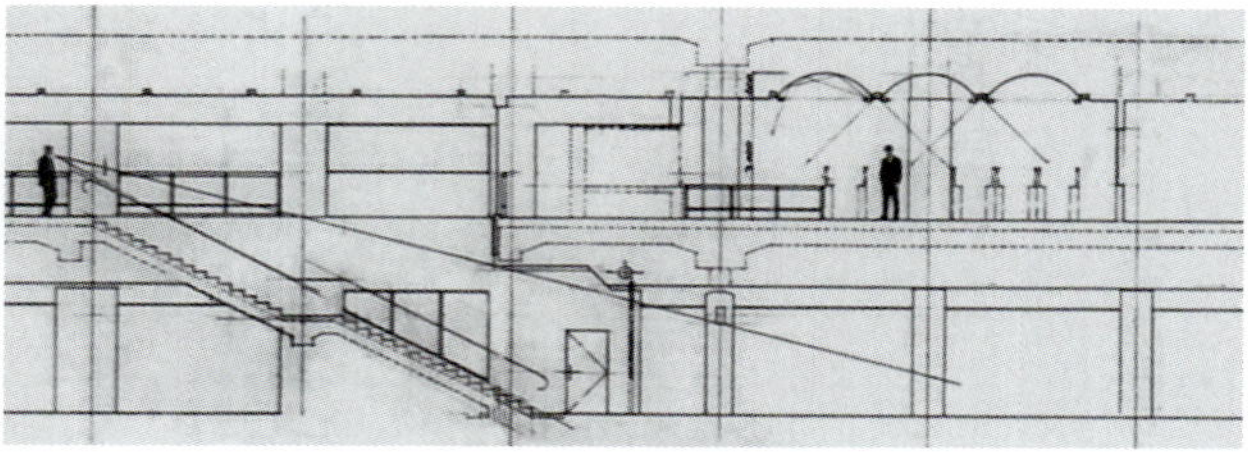

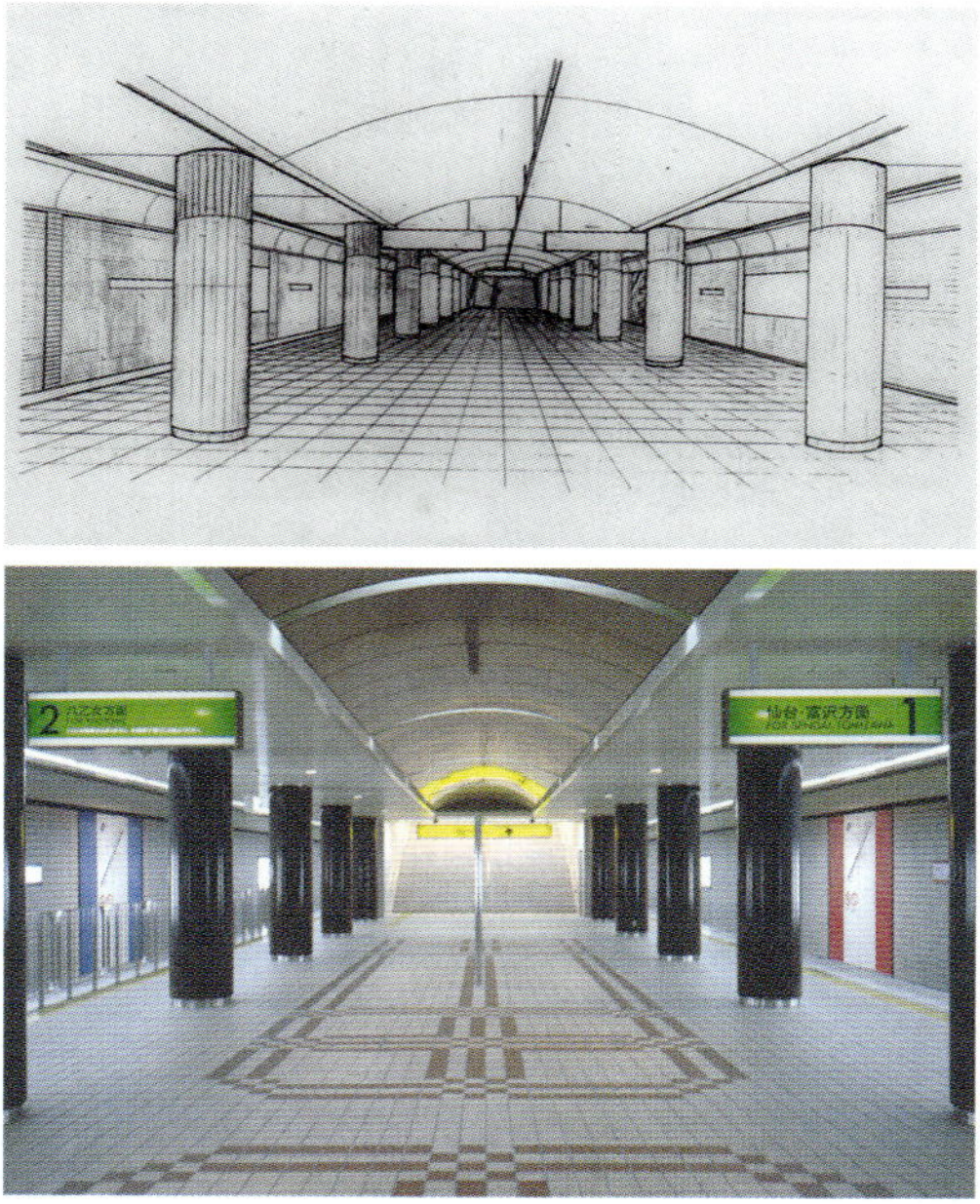

図3-11　ホームの検討図（上）と勾当台公園駅完成写真（下）

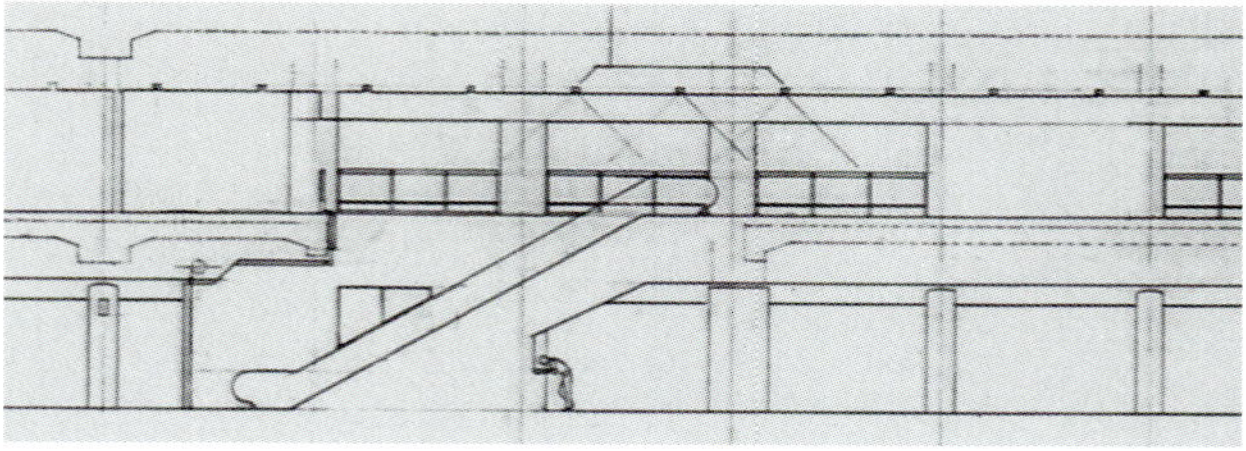

図3-12　標準駅縦断面検討図

2　国会議事堂前駅出入り口建物――〝地下に光を!〟

†地下鉄の居住性研究

仙台市地下鉄の開業からほどなく、そのトータルデザイン検討の成果を聞いた日本鉄道技術協会から、「地下鉄の居住性の改善に関する研究」の取りまとめを依頼された(一九八九年から足掛け二年)。この仕事は、日本船舶振興会(現、日本財団)の補助を受けて、運輸交通関係の今日的課題の研究に取り組むものだった。折からさまざまな建設分野で、〝アメニティ〟の議論が盛んに行われていた。

アメニティとは、快適、やすらぎ、清潔、健康、活気、魅力、感じのよさなど、人生を楽しくするすべてのものに言及できる言葉。居住性とは、建物や乗り物など、人々が過ごす空間でのアメニティ問題のことだ。

地下鉄は利便のために建設されるが、地下であるがゆえに、多くの人が気持ちいいとは感じられない施設だ。そこでまず「地下空間のマイナス要因を取り除く」必要性が議論された。個人差はあるにせよ、人々は地下空間で閉塞感、圧迫感、疎外感、疲労感、倦怠感、抵抗感、嫌悪感、不快感、不安感、恐怖感など、さまざまなストレスを感じている。

検討の結果、以下のような必要性が指摘された。

地下であっても自然光が入るほうがよい。景色が見えるようにならないか。広い空間、高い天井が欲しい。目の前が開けていて欲しい。どう移動するのが楽か、道筋がすぐにわかるようになっていて欲しい。今どこにいるのか、それを知りたい。わかりやすい案内は不可欠。案内はたどれるように繰り返し必要、など。

さらに以下も指摘された。騒音や残響音は不愉快。案内放送は必要なものだけに絞るべき。音量、音質が不適切な放送は意外に多い。温度、湿度のコントロールができていない。駅によっては列車風がひどい。長く歩いたり、上がったり下がったりするのはとてもつらい。いつになればラッシュは解消されるのか、など。

これら一つひとつの問題解決が、居住性の改善につながるはずである。

これらの改善箇所は、駅出入り口、コンコース、改札口周り、券売機周り、ホーム階段、ホーム、トイレなど、あらゆる単位空間にまたがっている。そして照明設備、放送設備、空調設備、エレベーター、エスカレーター、券売機、改札機、サインシステム、広告、ベンチ、売店など、さまざまな設備に関連している。

そこで地下鉄施設の望ましい姿を、スケッチに描くことにした（図3-13〜15）。

●居室化したホーム空間

●幅員の広い出入り口

●吹き抜けでつながるホームとコンコース

●仕切り壁のない出入り口

●バスに直接乗り換えられるホーム

●トップライトのある改札広間

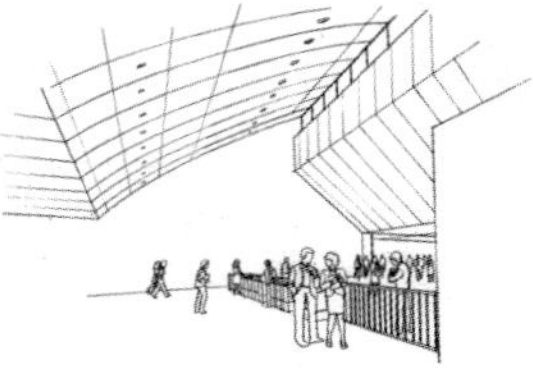

●ショップやカフェのあるコンコース

●樹木のあるコンコース

図3-13　居住性改善のためのアイデアスケッチ

図 3-14　居住性に配慮した地下鉄駅出入り口のイメージ

図 3-15　居住性に配慮した地下鉄ホームのイメージ

†出入り口建物のデザインコンセプト

日本鉄道技術協会の「地下鉄の居住性の改善に関する研究」を終えたのち、その委員会に委員として参加していた営団地下鉄の建設本部計画部長から、千代田線国会議事堂前駅のある出入り口建物のデザインを頼まれた。

鉄道会社の建設本部というのは、どこに線路を建設するかという線路計画から、トンネルや駅の土木構造物の設計建設を担当する部署だ。一般の建物とは違って、鉄道では建設本部が構造物全体をつくり上げてしまい、駅部はそののち建築部門が内装計画を担当する。この出入り口は、建設本部が内装仕上げまで担当するプロジェクトだった。

依頼にあたって計画部長は、「居住性研究でイメージしたものを具現化してほしい」と注文してきた。幸運にもわたしたちは、仙台市で不消化にとどまってしまった〝地下に光を！〟というプロジェクトに、もう一度取り組む機会を与えられたのだった。

この敷地は首相官邸の隣にある。そのためここを駅出入り口以外の目的に使うことはできない。またこの建物には、地下構内空調用の室外機を設置する。ただし建物向かいの高層ホテルから、直接室外機が見えないように配慮する。それが条件だった。

デザインは屋上に置く室外機を隠す方法の検討から始まった。景観上、室外機置き場は壁で覆うことになるが、風が抜けなければならないので、まず羽根のようなフォルムの屋根をかぶせることを考えた。また地下に至る階段部は、光がまわるように窓を設けて、できるだけ大きな空間になるように工夫した（図3-16）。

建設本部とやり取りするうちに、びっくりするような緩和条件が示された。すなわち敷地の半分のスペースに上家《うわや》を設けるとしていた考え方を、敷地全部を用いて建物をつくる条件に変えてよいという。これなら室外機を二階奥に納めて、地上から地下一階で折り返し、地下二階に至る階段の大部分を吹き抜けにすることができる（図3-17）。

わたしたちの最大の狙いは、地上の光を地下のコンコースにまで届けることだ。これが仙台市では実現できず、しかし居住性研究で多くの委員から支持された考えだった。人間は本来、地上に住む動物だ。適度な自然光は生理的にも心理的にも、人によい効果をもたらす。種々のアンケートで、地下勤務者から「外で何が起きているかわからない不安」が指摘されている。こうした意図を最大限表現できる実施案ができた（図3-18）。

†構造と部材の考え方

完成写真を一〇六頁、図3-19に示す。

地下まで光を落とすためには、屋根材にガラスを用いたい。ガラスを載せる支持材を、光をさえぎらないものにするには、細い鉄パイプを三角形に組んでつくる骨組み（立体トラス）が有利だ。そうした判断から、庇《ひさし》はアーチ型のトラスになった。二階の屋根もピラミッド型トラスとすることで了承された。

大きな吹き抜けを囲む三方はガラス壁で、光が地下まで回り込むように図った。十三メートルの幅がある擁壁《ようへき》は、一階と地下一階レベルに渡す巨大な梁で支えた。二階の機械室の荷重は、このような空間でよく用いられる構造壁ではなく、細めの三本の丸柱で受けることにした。この結果、階段とエスカレーターで構成されるこの出入り口空間に、光と視界をさえぎる壁は存在しない。踊り場は奥行き五メートル、幅十三メートルあり、人々の

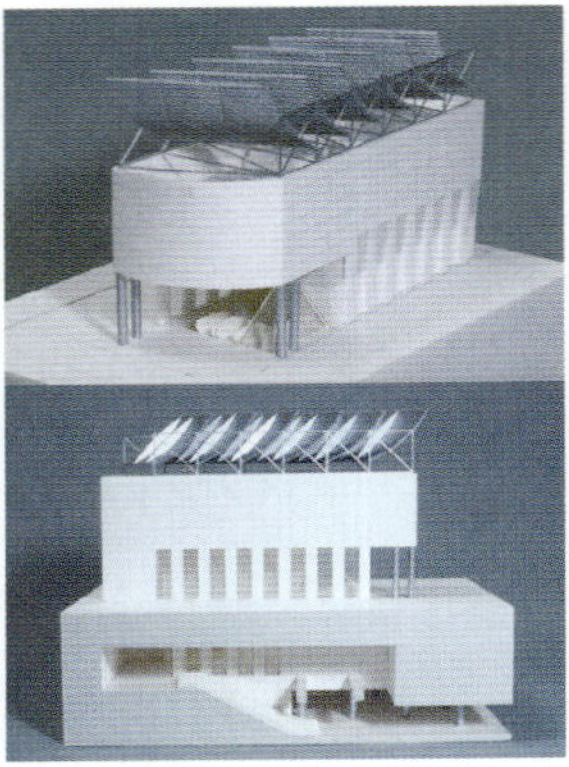
図 3-16　最初の検討模型

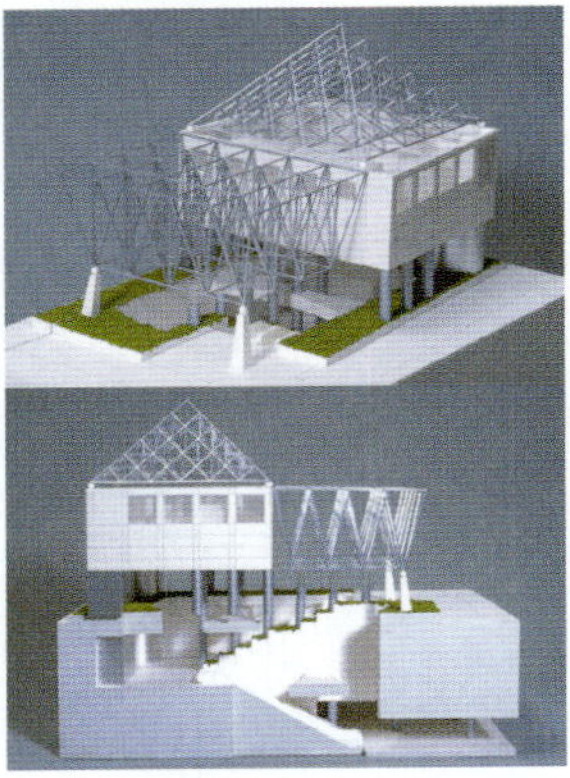
図 3-17　最終段階の検討模型

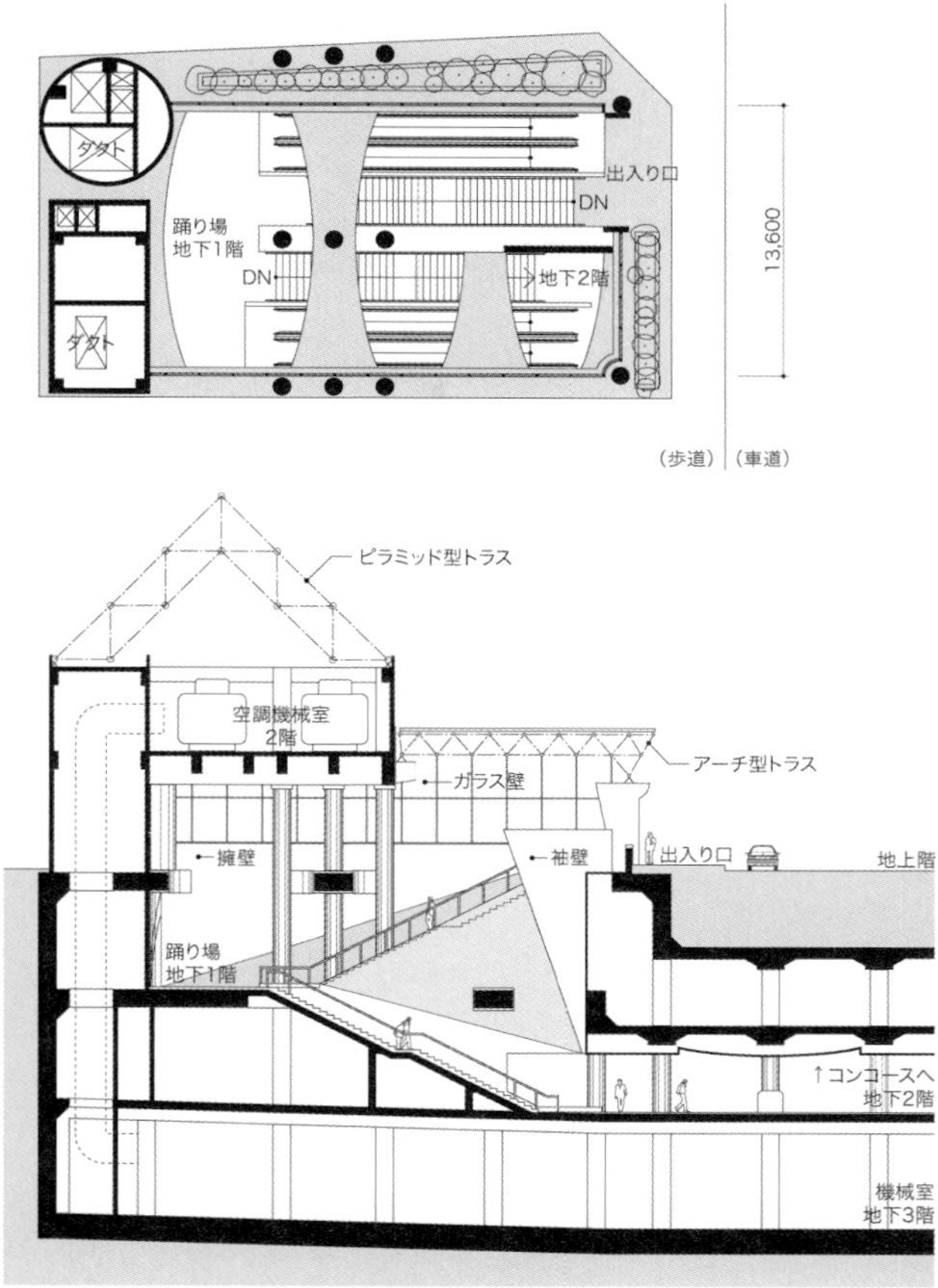

図3-18　実施案（上：1階平面図、下：断面図）

往来に十分な余裕がある。

地上の出入り口部分では、吹き抜け空間との境に、あえて三角形の袖壁《そでかべ》を設けた。この建物に入るとき、内部をあからさまに見えるようにするのではなく、数メートル進んだのち、突然大空間が目に飛び込むよう、視界の変化を楽しんでもらうための仕掛けだ。

地下二階のコンコースでは、千代田線の改札口を出るとすぐに、自然光が差し込む階段・エスカレーターを目にすることができる（図3-20）。自然光は曇っていても数万ルックス。数百ルックス程度の人工照明の明るさとは比べ物にならない。圧倒的な光の量が、そこが地上につながる経路、とのメッセージを利用者に伝えている。

建築物の構造は、力学的に空間を成立させると同時に、そこを利用する人々に必ずなんらかのメッセージを伝えてしまうものだ。

†インテリアのデザイン

駅空間のインテリアデザインも、おのずと進む方向が明らかになるように設《しつら》えるのが基本だ。そのためにまず必要なのは連続感に優れた空間構成で、それを支援するように床、壁、天井に表情を与える。

この出入り口では、先述したように、内部に間仕切壁を設けず、自然光が下層階まで射し込んでいく空間をつくることで、連続感のある内部空間が実現した。ここでは移動方向を指し示すサインは一台も必要としていない（図3-21）。

空間の四周に現れる壁面には、その矩形《くけい》を対角線で切り分けるように異なる素材を用いて、三角のシルエットを描き込んだ（本章扉写真参照）。静的、安定的になりがちな四角い壁面にその対角線を現すことで、動的な緊張感を生み出すことができる。この表現は担当したデザイナーのとりわけ得意とする表現スタイルだった。素材には比較的安価な人造石タイルとアルミ・スパンドレル（天井などに用いる化粧板）を用いた。これらの仕上げの工夫が、ゆったりとしていながら、退屈に陥らない空間をつくった。

完成から十八年を経た今年（二〇一四年）、久しぶりにこの出入り口を利用してみた。一部に雨漏りが生じていたこと以外、完成時の姿とまったく変わらなかった。

近所に都立高校がある。わたしが訪れたとき、ちょうど生徒たちが下校する時間だった。三々五々、楽しそうにおしゃべりをしながら、エスカレーターでこの大きな空間をらせん状に下っていく。わたしには、毎日この豊かな空間を行き来するのとしないのでは、感性の育ち方に大きな違いが出るのではないかと思えた。そしてその豊かさは、間口わずか十三メートル余りの敷地がもたらしたものなのだ。

図３-19　千代田線国会議事堂前駅出入り口の完成写真（1996年）

図３-20　地下２階コンコースからの眺め（2014年）

図３-21　連続感のある内部空間

3　福岡市地下鉄七隈線――トータルデザインの試み

†検討体制とデザインコンセプト

福岡市地下鉄3号線（七隈線《ななくま》）は十年にわたるトータルデザイン検討を経て、二〇〇五年二月に開業した。ここでいうトータルデザインとは、この路線が持つ十六の駅、車両基地、道路上に姿を現す給排気施設、駅構内に置かれる営業設備、それに車両のデザインを、統一的なコンセプトのもとにまとめた作業のことだ。

この検討は地元の専門家と福岡市交通局（のちに全市の部局）で構成される委員会に、社団法人（現、公益社団法人）日本サインデザイン協会（以下「ＳＤＡ」）が具体策を提案し、決裁を得ていく体制によって行われた（図3-22）。ＳＤＡでは、公共交通機関のデザイン実績のあるメンバーを検討部会委員に選任し、関連領域の協力会社を募って設計業務にあたった。わたしも当初から参加して、一九九九年からは主査を引き受けた。

議論の結果、デザインコンセプトには、「人にやさしく、快適で使いやすい地下鉄」「個性的で地域の人々に親しまれる地下鉄」「二十一世紀に向けた新しい価値観と技術による先進的な地下鉄」が掲げられた。さらに駅空間では具体的に、「明るい空間」「見通しがよく、広がりのある空間」「移動しやすく、使いやすい空間」「誰にでもわかりやすい情報提供」を実現するデザイン目標が設定された。

この地下鉄では、まず駅の標準設計を進めて、各駅の空間構成を基本的に共通とした。その標準設計は、次の二点に大きな特徴がある。

一つ目はコンコースとホームを結ぶエレベーターを駅の中央に位置させたこと。このためエレベーターを利用するとき比較的短い動線で済み、これまでの駅でよくあるような駅端まで移動しなければならない負担は避けられた。二つ目は利用者の動線をできるだけ滑らかなものにするために、屈曲部の壁を大きな曲面状につくったこと。特に駅事務室の曲面壁では、それと呼応するように改札機を斜めに置き、出入りの動きがとてもスムーズな空間ができあがった（図3-23）。

なおこれらのデザイン計画は、開業後、福岡市交通局の監修のもと、『公共交通機関のユニバーサルデザイン――福岡市営地下鉄七隈線トータルデザイン十年の記録』という図書で公表された（編集・著作・発行、地下鉄3号線ＪＶグループ・㈳日本サインデザイン協会）。次頁に紹介した図はその文献から引用している。以降、同書を参照しつつ、本線の駅デザインの特徴を見ていくことにする。

1995-96 年の検討体制

地下鉄デザイン検討委員会
(福岡市交通局内に設置)
地元専門家、交通局施設計画課

＜設計業務受託・事務局＞
社団法人日本サインデザイン協会
福岡市地下鉄 3 号線デザイン検討部会
デザイン実績のあるメンバー、協力会社

[主な検討事項]
・デザインコンセプト
・駅デザインガイドライン
・標準駅デザイン設計

1997-2005 年の検討体制

福岡市地下鉄デザイン委員会
(福岡市役所内に設置)
地元専門家、都市整備局、建築局、交通局

＜事務局＞
交通局施設計画課

＜設計業務受託＞
社団法人日本サインデザイン協会
福岡市地下鉄 3 号線デザイン検討部会
デザイン実績のあるメンバー、協力会社

[主な検討事項]
・各駅の建築・設備・サインデザイン
・車両基地・給排気設備・営業設備・
車両のデザイン

図 3-22　本プロジェクトの検討体制

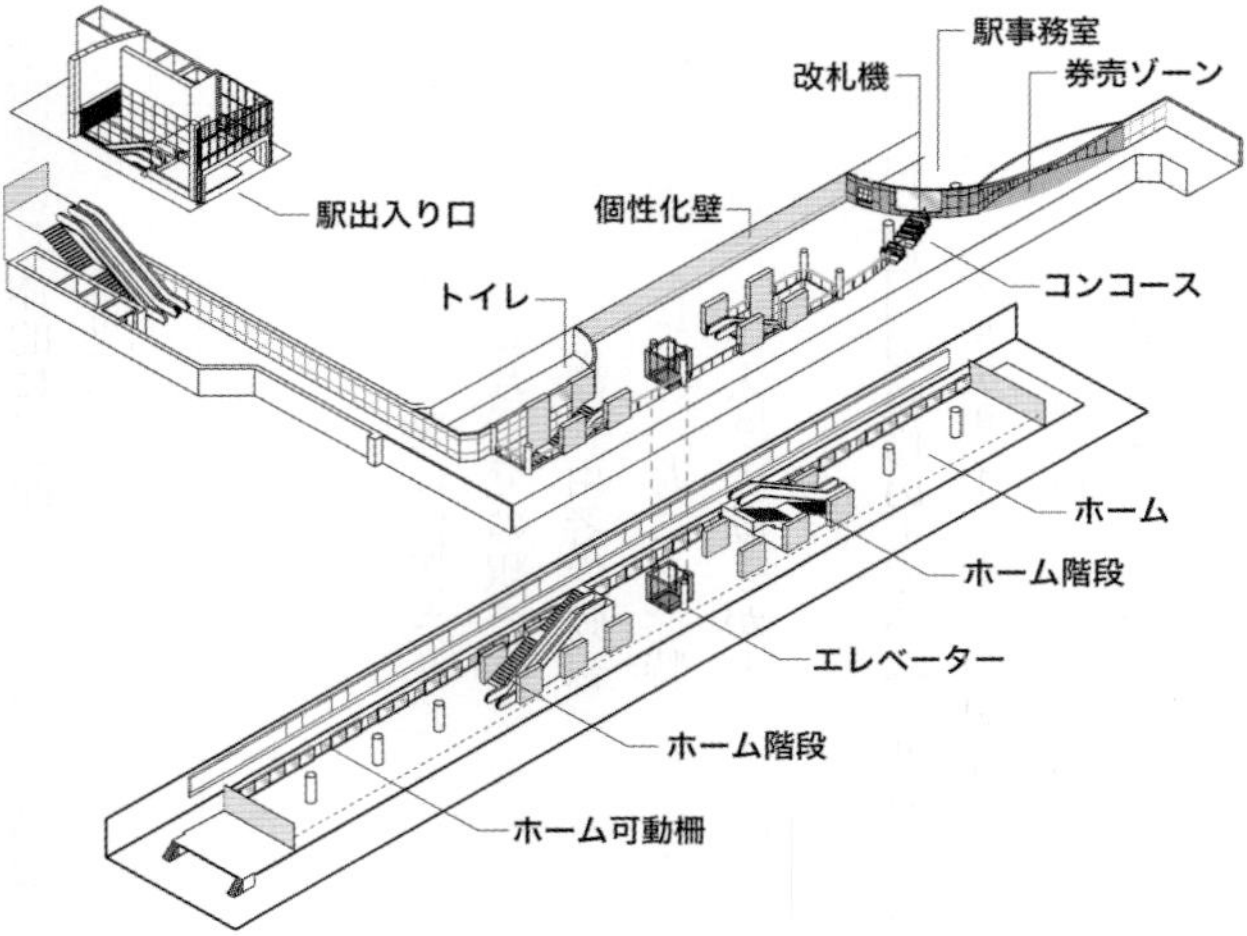

図 3-23　七隈線標準駅の空間構成

図3-24　駅出入り口建物（六本松駅、駅名の前にあるのが駅シンボル）

図3-25　駅出入り口建物室内（桜坂駅）

†駅空間のデザイン

駅出入り口建物は基本的に、ほぼ共通な形態とした。その空間の明るさを確保するために、特に昼間時に自然光を採り込むため、建物の外壁にガラス材を多く用いた。屋根に光を透過する膜をかぶせた駅やトップライト（天窓）を設けた駅もある。この建物の入り口には、全駅共通に緑に塗色したゲートをかたちづくった。この色は本線の路線色で、七隈線を強調する際に一貫して用いている（前頁、図3-24）。

さらに可能な駅では、出入り口空間を大きな吹き抜けとした。また出入り口のほとんどに、階段のほか上り下り双方向のエスカレーターを設けた。人々はゆったりとした空間を、マイペースで上り下りできる（前頁、図3-25）。

コンコース空間の床、天井、柱、壁の面は、規格的な寸法（モジュール）で割り込み、床面は三十センチ角、天井は六十センチ角、柱と壁はタテ六十センチ・ヨコ九十センチを基本とした。サイン、照明、設備、広告などはこのモジュールに沿って配置する。この空間をつくる基本的な面は、いずれも明るく広がりを感じさせるため、白を基調としたベースカラーで仕上げた。また天井の低さや通路の狭さを感じないように、改札の内外を分ける柵などの仕切り部には、ガラスを多用した。

こうしたなか乗降の節目空間にあたる改札周りでは、先述したように、券売ゾーンから連続する駅事務室の曲面壁を改札内空間まで連ねた。この部位の仕上げ色は、一般壁から際立って見えるように、全駅で路線色の緑とした（図3-26、27）。

改札内コンコースの壁面とホーム階段空間をかたちづくる壁面、それにホーム端の行き止まり壁の面を個性化壁と呼んで、駅ごとに異なる表情を演出した。その仕上げ材は地域特性を考慮し、市街地から郊外に向かって、ガラス、アルミ、れんがタイル、大理石、石英岩、御影石《みかげいし》、砂岩、セラミックスタイル、粘板岩などを選択した。

鉄道駅で配慮をおろそかにするとすぐに視界がふさがれてしまうのが、ホーム階段空間だ。防火区画の制約もあるし、上層階の床面に大きな穴が空けられるので、構造的にも分厚い壁材が必要になる。ここをいかに抜けるようにつくれるかがわかりやすさのポイントで、本線では上下階とも大きな窓を設けて見通しを確保した（図3-28、29）。

券売ゾーンから駅事務室に至る曲面壁のほかに、全駅共通に緑の曲面壁を用いて施設を記号的に表した部位に、改札内のトイレ施設と精算ゾーンがある（一一八頁、図3-30）。またコンコースにゆとりのある駅では、標準的な白い空間とはおもむきを変え、和らいだ表情にデザインしたコミュニティスペースを用意した（同、図3-31）。なお移動に供されているすべてのコンコース壁には、歩行を支援する手すりが設けられている。

図 3 -26　コンコース券売ゾーンの曲面壁（薬院大通駅）

図 3 -27　駅事務室の曲面壁と改札機配置（薬院大通駅）

図３-28　ホーム階段空間のコンコース階の窓（金山駅）

図３-29　ホーム階段空間のホーム階の窓（金山駅）

多くの駅のホーム天井は中央部分を折り上げて、空間に広がりを持たせた。駅によってはさらに間接光で高天井部を照らし出し、広がり感を強調した。ホームの可動柵も空間の広がり感につながるようガラスで仕上げた。またエレベーター室の外壁もガラス仕上げにした。これも広く感じる効果をもたらすとともに、なかを動くカゴが見えるので、設備の発見のしやすさにも役立っている（図3-32）。

ホームデザインの最大の特徴は、徹底的にバリアフリーな駅にする試みだ。ホームと車両の隙間を可能な限り小さくするため、すべての駅のホーム平面を直線状とし、車両限界からの離れを五十二ミリ（誤差二ミリ以内）に統一した（図3-33）。

車両側の油圧調整技術とあいまって、ホーム床と車両床にレベル差はほとんどなく、この地下鉄では車いす使用者が自力で乗降できる。さらにホーム階エレベーターを出てすぐのところが、車いす対応車両が停車する位置になっている。これらによって、わが国で最も車いす対策が進んだ鉄道になった。

†プロジェクトのねらい

パブリックデザインで最も重要なコンセプトは、〝普遍性〟universalityという価値観だ。つまり「誰にでもあてはまる可能性が高い」という意味。デザインされたものが、果たして誰にでもあてはまっているか、という基準こそ、パブリックデザインでは決定的に重要なのだ。

空間をデザインするうえで最も重要なのは、〝統合化〟integrationという手法を採用することだ。統合とは「二つ以上のものを一つに統《す》べ合わせること」。すなわち、一つの空間内に一見無関係に置かれるさまざまな要素を、床、壁、天井はもとより、券売機、改札機、ベンチ、サイン、広告といった多様な要素を、たがいの間合いを調整しながらおのおののクオリティを高めていく。空間表現によってなんらかのメッセージを伝えるには、これが唯一不可避的な方法なのだ。

七隈線が掲げたデザインコンセプトの背景には、この〝普遍性〟の認識があり、デザイン手法としてこの〝統合化〟の選択があった。わたしたちはこの筋立てをトータルデザインと呼んだ。

十年に及ぶトータルデザイン検討は、実は仙台市でまとめた「トータルデザイン策定の基本方針」を、福岡市の交通当局より示されることから始まった。そしてその流れを決定づけたのは、初年度にまとめた「駅舎建築デザイン提案」だった。そこですでに、曲面壁を採用しスムーズな移動空間を確保すること、できるだけ空間を抜いて視界を確保すること、自然光の地下への導入を図ること、券売ゾーンやトイレ施設などを記号化してわかりやすく示すこと、設備類を可能な限りビルトインして（組み込み型につくる）通行の妨げにならないよう配慮すること、などの提案が行われた。

本線デザインの他都市にない特徴は、〝とても細やかな心遣い〟にあると思う。ここでは、さまざまな施設のディテールがバリアフリーであることに細心の注意が払われ、地域ごとの微妙な差異を丹念に拾って駅ごとの個性化壁の提案がなされた。地元の逸話を題材

図3-30　全駅共通のトイレ（上）と精算所（下）の外壁（渡辺通駅）

図3-31　和らいだ表情のあるコミュニティスペース（六本松駅）

にした駅ごとのシンボル（図3-24）も用意された。駅を歩いていると、ほのぼのと地域性が漂ってくる。この上品な秩序感こそ、この路線の個性なのだと実感する。

普遍性は文明の基本条件だ。一方、地域性は文化の基本条件。近代文明の要件を満たしつつ福岡文化を穏やかに表現するこのデザイン成果が、福岡市民や遠来の利用者に好感をもって受け入れられれば、プロジェクトは成功である。

図3-32　広く感じられるように工夫を凝らしたホーム空間（薬院大通駅）

図3-33　車いすが自力で乗降できるホーム（手前）と車両（奥）の位置関係（全駅）

4　東京メトロ副都心線――色彩で駅を楽しく

†色彩に着目した駅のデザイン

東京の副都心、池袋・新宿・渋谷を縦断する東京メトロ副都心線の二〇〇八年開通部分――雑司《ぞうし》が谷《や》、西早稲田、東新宿、新宿三丁目、北参道、明治神宮前の六駅では、「楽しめる駅づくり」の観点から、駅カラーを軸に新駅のデザインを行った。

開通のおよそ三年前、わたしたちがこのプロジェクトに参加する以前に、各駅の内装計画を担当する東京メトロ工務部建築施設課は、図3-34に示した各駅の「デザイン表現のキーワード」と「イメージカラー」をまとめていた。

この路線の各駅は、都心でありながら駅ごとに特徴的な街の歴史や文化、風景を持っている。たとえば雑司が谷といえば江戸時代に数ある御鷹場の一つだったところで、駅の近くに雑司ヶ谷霊園や鬼子母神《きしもじん》がある。今でもこのあたりは、閑静でけやき並木が美しい緑豊かな住宅地だ。そこから「木漏れ日」「過去への思い出」というキーワードが想起され、「緑色」というイメージカラーが選択された。また商業施設が集まる新宿三丁目は、かつて甲州街道・青梅街道・鎌倉街道が交差して追分《おいわけ》（分岐点）と呼ばれていたところで、付近に信州高遠《たかとお》藩内藤家の中屋敷があった。それらを手がかりに「光の束」「内藤新宿」というキーワードと、内藤家家紋『下がり藤』の連想から「青紫色」が選ばれた。

駅名	街区の印象→「デザイン表現のキーワード」	歴史的事跡→「デザイン表現のキーワード」	⇒駅のイメージカラー
1. 雑司が谷駅	けやき並木 住宅地 →「木漏れ日」	雑司ヶ谷霊園 鬼子母神 →「過去への思い出」	⇒緑色
2. 西早稲田駅	学び舎 桜 →「文教」	尾張家下屋敷 神田上水 →「水流」	⇒水色
3. 東新宿駅	職住の近接 都心の活発な往来 →「アクティブ」	鉄砲百人組 つつじ →「つつじ」	⇒紅色
4. 新宿三丁目駅	繁華街 都市の夜景 →「光の帯」	内藤新宿 江戸の交通要所 →「内藤新宿」	⇒青紫色
5. 北参道駅	各国大使館 文化施設・緑地 →「喧騒からの解放」	井伊家下屋敷 国立能楽堂 →「能楽」	⇒黄金色
6. 明治神宮前駅	表参道 ブランドショップ →「ファッション」	亀井家下屋敷 明治神宮 →「杜」	⇒黄緑色

図3-34　駅別キーワードとイメージカラー

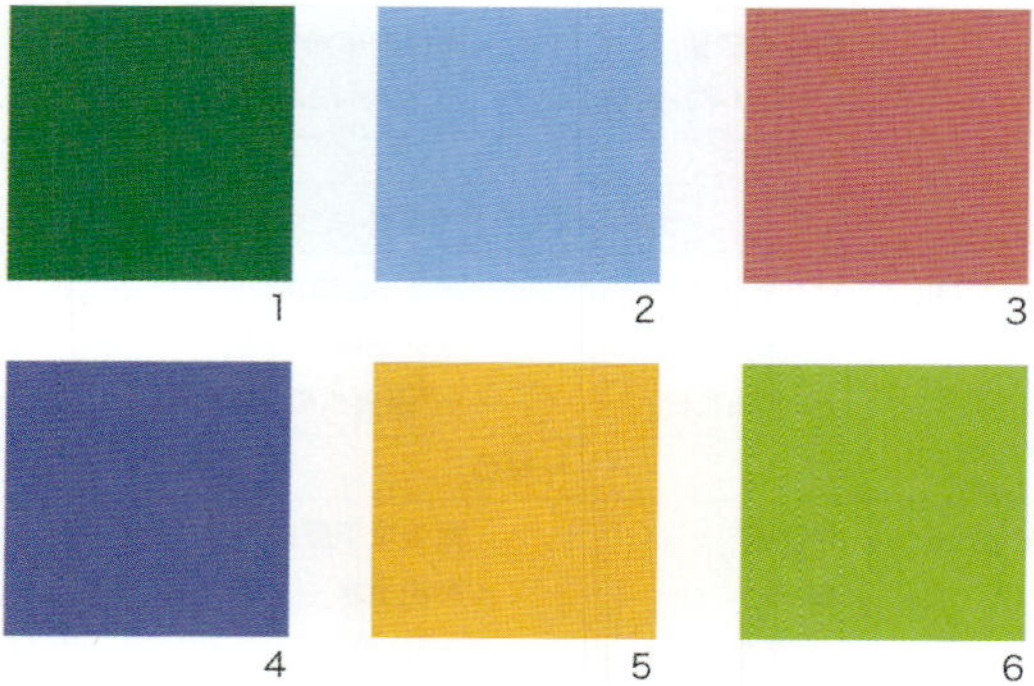

1：緑色、2：水色、3：紅色、4：青紫色、5：黄金色、6：黄緑色

図3-35　当初選ばれた駅カラー

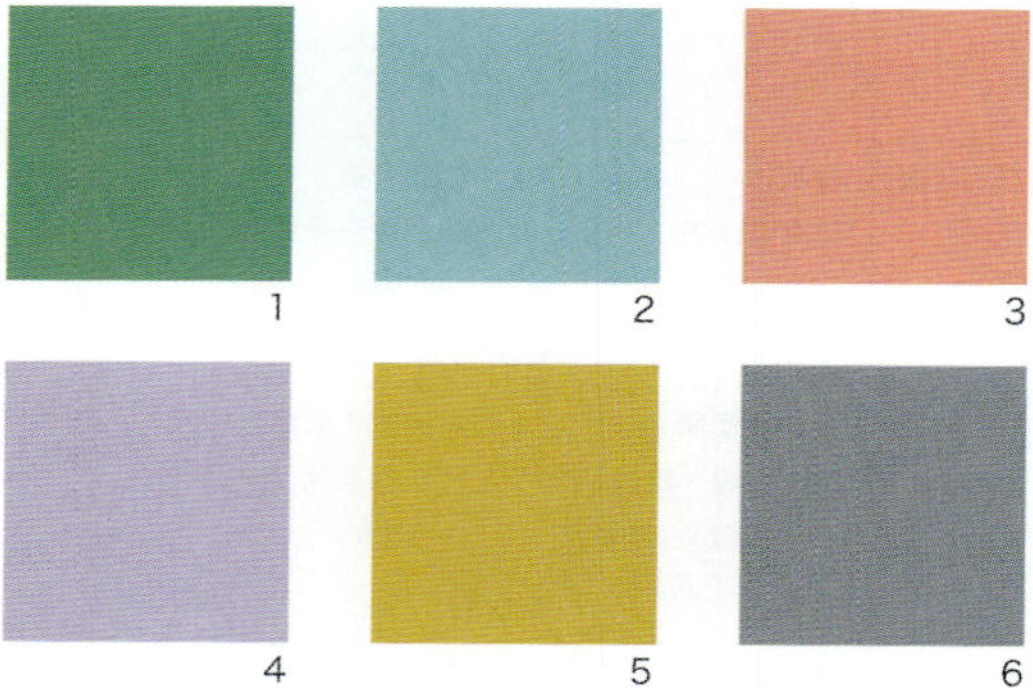

1：青竹色、2：水色、3：薄紅、4：藤色、5：黄金色、6：スモークブルー

図3-36　トーン調整後の駅カラー

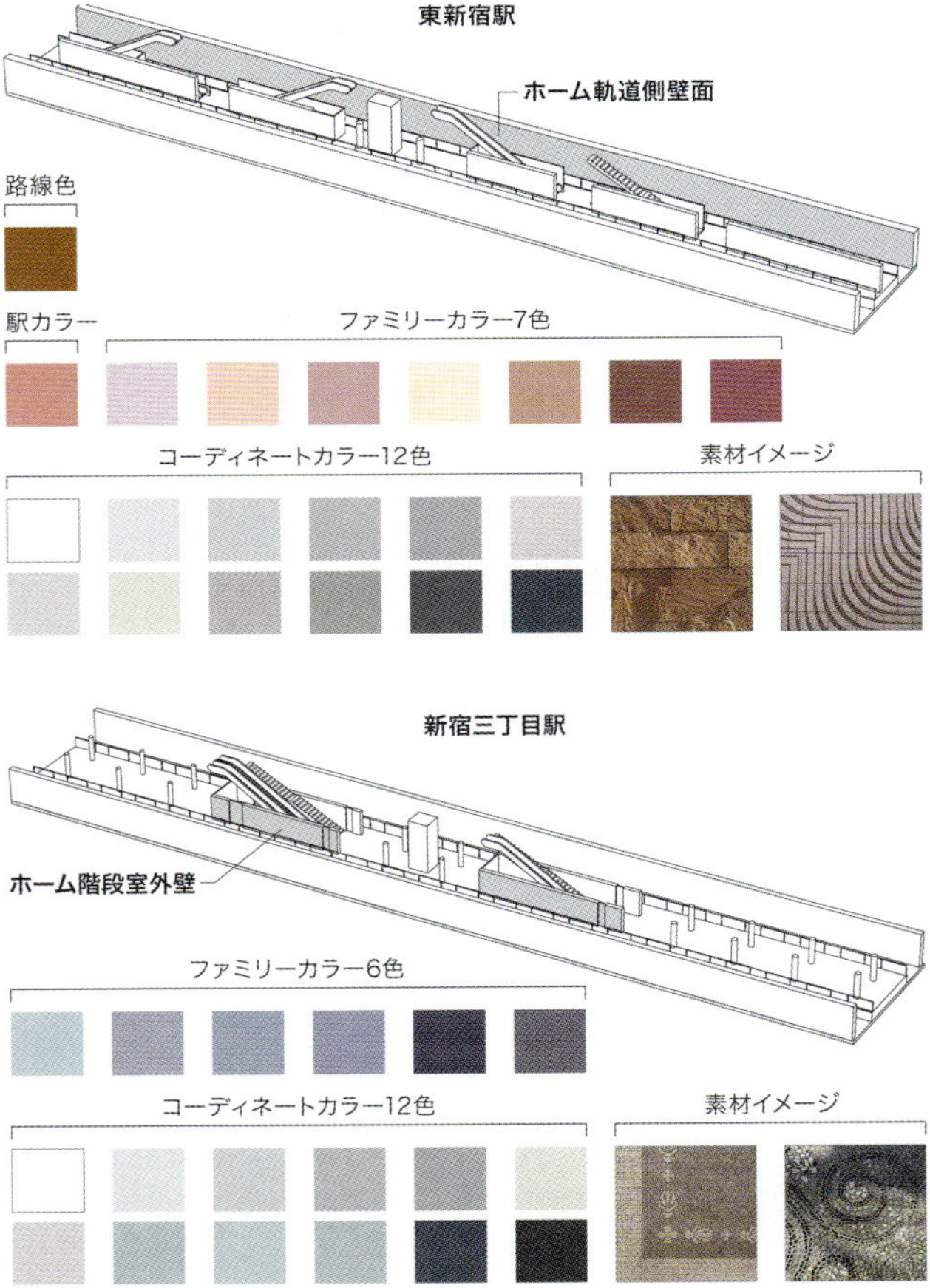

図3-37　カラーパレット見本（上：東新宿駅ホーム軌道側壁面、下：新宿三丁目駅ホーム階段室外壁）

†駅空間色彩計画の進め方

内部空間の色彩計画は、一般的に次のように進めるのがよいといわれる。①空間の目的に従って全体的な色のイメージをとらえる。②空間を構成する諸要素のうち色にかかわる条件、たとえば床・壁・天井の材質・かたち・寸法、採光・照明の方法などを調べる。③空間に大きな面積を占める部位の色彩をベースカラーとして定める。④目立った変化や視覚的な焦点をつくる色としてアクセントカラーを設定する。⑤快い配色を得るために、ベースカラーとアクセントカラーの中間にコーディネートカラーを設定する場合もある。

この副都心線駅空間色彩計画では、すでにいくつかのアクセントカラーが決められていた。その第一は、路線色ブラウンだ。この色彩は東京の地下鉄路線識別のために、営団地下鉄の有楽町線新線開業時（一九九四年）に決められた色だった。

第二のアクセントカラーは案内サインの乗車系誘導色の濃藍《こいあい》と降車系誘導色の黄色だ。営団時代に濃藍はなかったが、東京メトロになって会社マークに合わせて用いるようになった。黄色はやや緑みがかったペールトーン（うすい色調）に変わった。

第三のアクセントカラーが今回選ばれた駅カラーだ。この方式を採用した主な目的は駅相互の識別性を高めることにあったが、あまりのアクセントカラーの多さに、駅ごとの秩序感や路線全体の調和が維持できるのかが懸念されていた。

わたしたちはその懸念を払拭するため、五つのことを提案した。すなわちまず駅カラーのトーン（明度と彩度による色調）を調整し直す。二つ目に複数からなる駅カラーのファミリーカラーを定めて、色空間に豊かさを感じられるように図る。三つ目に案内サインカラーを違和感なく存在させるため、空間全体のベースカラーを無彩色系のオフホワイト（白に極めて近いグレー）にする。四つ目に駅カラーやファミリーカラーをベースカラーになじませるために、複数からなるコーディネートカラーを定める。さらに石や金属など、塗色によらない材料は、複雑な表面色や透過色を含み、色に深みを感じることができるので、五つ目に、このような素材の使用を推奨する。

具体的には、これら駅ごと・空間部位ごとのカラーパレットを作成して設計事務所に提示し、これをガイドに実施設計を進めてもらうことにした。また設計がある程度進んだ段階で全体的な色みを確認して、調整作業も行った。一二二頁の図3-35が当初選ばれた駅カラー、図3-36がトーン調整後の駅カラーだ。この二つを見比べると、この作業により全体的な統一感が生まれたことがわかる。一二三頁の図3-37は、駅別・部位別のカラーパレットの見本だ。

図3-38　完成状況と駅カラー（上：雑司が谷駅、中：西早稲田駅、下：東新宿駅）

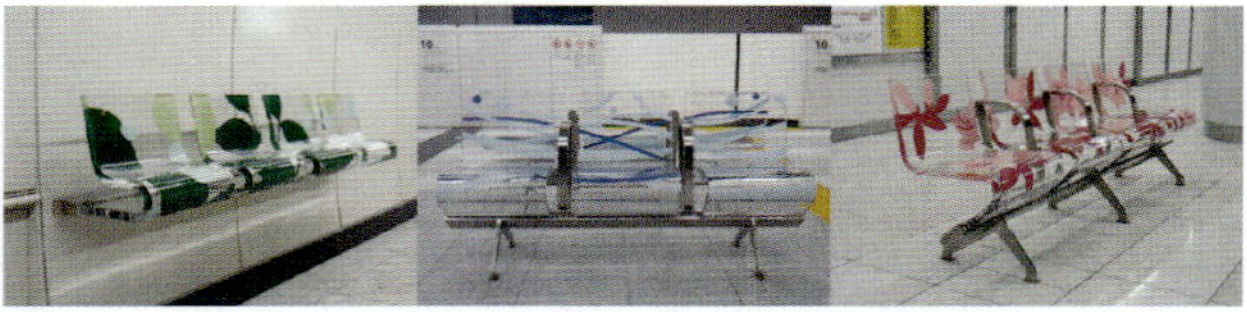

図3-39　ホームベンチ（左：雑司が谷駅、中：西早稲田駅、右：東新宿駅）

図３-40　完成状況と駅カラー（上：新宿三丁目駅、中：北参道駅、下：明治神宮前駅）

図３-41　ホームベンチ（左：新宿三丁目駅、中：北参道駅、右：明治神宮前駅）

カラーパレットは駅ごとに、アプローチ空間（駅出入り口と改札の間）、地域性の表現ゾーン、券売ゾーン、改札周り、ホーム階段空間、ホーム床・柱・天井・可動柵、ホーム軌道側壁面、ホーム階段室外壁、シールド壁面に分けて作成した。

いずれの場合もファミリーカラーは、駅カラーと類似する色合いのなかから明度に何段階かの変化をつけて設定した。またコーディネートカラーは、ベースカラーと類似・対照する明度で、ファミリーカラーと映りのいい低彩度色を選択した。

†色彩計画の追加提案と成果

カラーパレットを設計事務所に提示したのち、建設費の制約から、全駅のホーム軌道側壁面が白色のアルミ・スパンドレル仕上げしかできないことがわかった。これでは識別性に優れて、居心地のいいホーム空間を期待することは難しくなる。

そこであまり費用をかけずに実現できるデザイン画を提案することにした。すなわち駅ごとに整理されている「デザイン表現のキーワード」からイメージできるグラフィックパターンを作画し、十メートルごとに設置される駅名標の上下に印刷出力して掲出する。一カ所あたりの大きさは、幅一・八メートル、高さ二・四メートル。

このようなデザイン画は、建築的な床・壁・柱などの表現より一段と強くイメージを訴えられる性質を有している。もちろんその図画は駅カラー・ファミリーカラーを主体的に用いて描く。たとえば雑司が谷駅では、けやき並木の木漏れ日をモチーフ（表現主題）に、落ち着いた青竹色を用いて静けさや懐かしさ、優しさを描いた。また新宿三丁目駅では、繁華街から連想される光の帯をモチーフとし、クリアな藤色を用いて都会らしいイメージを描いた。

一二六頁の図3-38・39、一二七頁の図3-40・41に本計画の完成状況を示す。

図3-38と3-40を見ると、この色彩計画が駅ごとの識別性に一定の役割を果たしていることが感じられる。ただしその識別性とは、何駅かを特定できるというようなものではなく、単調さから逃れて、駅ごとにどこか違う雰囲気を持っているという特徴のことだ。さらにどの駅もそれなりに豊かさを感じられるので、その結果、この路線全体にかなりよいイメージを抱いてもらえているのではないかと推測される。

図3-39と3-41は、デザイン画を応用してつくったベンチだ。壁面用につくったデザイン画が好評だったため、透明樹脂製のベンチにも封入して用いることにした。ちょっとした心遣いで、駅を楽しめる仕掛けになったのではないか。

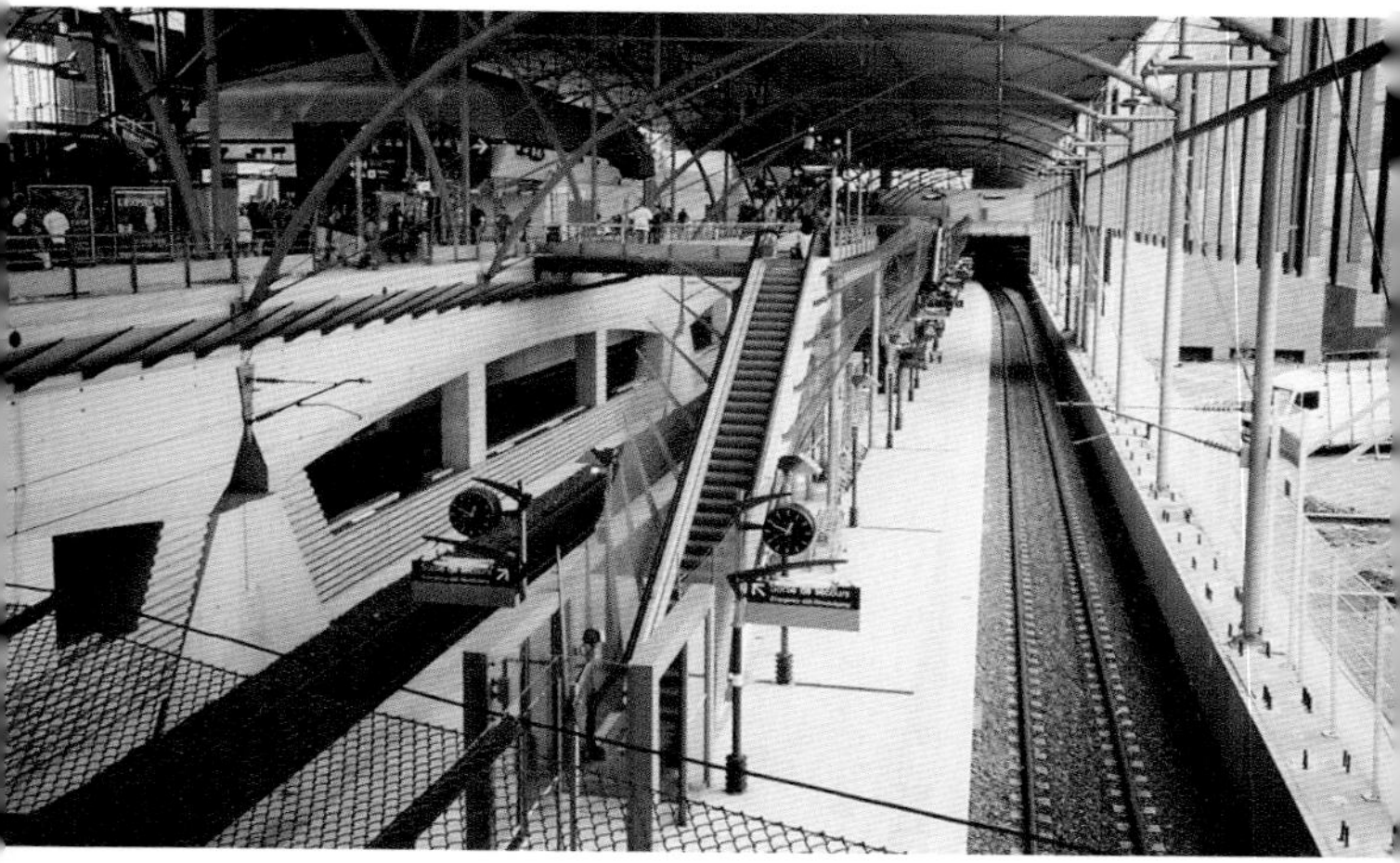

第4章
海外の駅デザイン

上の写真は、出入り口通路からホーム全体を望めるリール・ヨーロッパ駅。「駅は容量と構成で旅客を誘導し、大げさなサインは用いない」とのTGV駅憲章を踏まえてデザインされた。この章では、公共空間整備に多くの示唆を与える海外事例を紹介する。

1　英国鉄道とロンドン地下鉄――公共サービスの先駆け

一九九〇年代にヨーロッパ、二〇〇〇年代初頭にアメリカ、二〇一〇年代に入ってアジアの鉄道駅写真を撮る機会が多かったので、本章ではそれらを点描的に紹介したい。案内サインでは、すでに表示面が置き換わったものもあるが、設置の考え方は維持されている様子なので、そうした了解のもとに見ていただきたいと思う。

†鉄道駅の基本を示した英国鉄道

英国鉄道とは、一九九四年から九七年にかけて行われた国鉄の民営化で誕生した二十四の旅客列車運行会社団体の名称だ。ヨーロッパには、運営組織が分かれても、統一的なサービス提供のために、連合組織をつくる文化がある。

［図4-1］　まずここで注目したいのは、国鉄時代の一九六五年に導入された「ダブルアロー」と呼ばれるサービスマークが、民営化をはさんで今日なお、英国鉄道の全駅で使われていることだ。日本では、公的機関が民営化されると、すぐにマークを変えてしまう。しかしほんとうにマークは変えるべきなのだろうか。長年使われたマークなら、すでに世

界中の人々がそのサービス内容を知っているのだ。組織変更のような裏方の問題と、サービス維持の問題は区別してもらわないと困る。このヨーロッパでは当たり前かもしれない判断に、公共サービスの手本を見る思いがした。

［図4−2］　ヨーロッパの都市間鉄道の始発駅は、頭端式《とうたんしき》といって何本もの列車が行き止まりになる様式が多い。それはまた、必要な高さや幅員を確保するため、巨大なアーチ構造でできている例が多い。こうした空間をヴォールトというが、それは頭上に広がりを感じさせ、これから旅立つという、期待が膨らむ感覚によく符合する。

［図4−3］　ウォータールー駅のコンコースには、巨大なつり下げ型ディレクションサインが掲出されている。この形式はこの駅に限ったものではなく、パディントン、ユーストン、ビクトリアなどの主要駅にもあった。高い位置にとても大きく表示されているから、構内のどこにいても、このサインは発見できる。移動方向を探すときは、まずこのサインを目指せばいい。

［図4−4］　この写真は、今では使われなくなった国際列車始発駅のウォータールー・インターナショナル駅のホームの様子だ。開業当初このホームは、アーチ状で採光コントロール装置のついた屋根、テームズ川沿いの街並みが見える窓などで話題を集めた。

図4－1　1965年からずっと使われている鉄道マーク

図4－2　アーチ構造のパディントン駅のホーム

図４－３　天井が高く明るいウォータールー駅コンコース

図４－４　採光と眺望に配慮された国際列車駅のホーム

†駅デザインの嚆矢、ロンドン地下鉄

ロンドン地下鉄は、一九三三年から八年間、ロンドン旅客運輸公社の副総裁を務めたフランク・ピックが、駅施設からサービスマーク、路線図、案内サイン、ポスター、商業広告にいたるまでを総合的にディレクションしたことで有名だ。

一九六四年の東京オリンピックの視覚デザインをディレクションした勝見勝《かつみまさる》（故人）は、「各駅のあらゆるかたちあるものに、あたかもオーケストラの合奏のように一貫したデザインのスタイルが与えられ、近代造形の精神が公衆に示された」と絶賛した。

［図4−5］公社が設立された一九三三年以来用いられている「サークル・アンド・バー」と呼ばれるサービスマーク。今でも地下鉄駅のすべての出入り口に表示されている。近年は多少シンプルにリデザインされたものも使われている。

［図4−6］サークル・アンド・バーはホーム駅名標にも統一的に用いられている。このことを知っていると（全駅統一だから、ルールはすぐに理解できる）、列車が駅に入っていったとき、駅名の表示位置を発見しやすい。また全駅ではないが、サークル・アンド・バー駅名標より高い位置に、駅名が列記されている駅も多い。字が大きく、掲出箇所も多いので、駅名をとても確認しやすい。国際観光都市としての配慮が徹底しているのだ。

［図4-7］線路側の壁面に掲出されている大型広告も、一九三三年以来のスタイルだ。とりわけこの広告掲示の方法が、当時の地下鉄駅の風景を一変させたという。

ちなみにロンドンの地下鉄は第三軌条方式だ。すなわち電気を天井の架空線から得るのではなく、線路脇に設けた軌条（レール）から集電する。このためホーム空間の全体的なデザインがとてもしやすい。ただし人が入ると事故につながる、高速運転では集電しにくいなどの欠点もあって、東京では、銀座線・丸ノ内線以外において使われていない。

［図4-8］ピックのディレクション時代、電気技師だったハリー・ベックという人が電気回路図をヒントに考案して以来、一貫して用いられている路線図がこれだ。ベックは三十年間にわたって、この図の改良に携わったという。地下鉄がその下を走るロンドンの道路網は、実際には不定形なシルエットを描いているが、水平線、垂直線、四十五度線でシンプルにまとめられたこの図によって、ロンドン市民は街の座標をイメージしているとさえいわれている。

この路線図（「チューブ・マップ」と呼ばれる）の見やすさ、わかりやすさへの評価は世界的に非常に高く、あらゆる国の交通機関がこれを参考に自社路線図を工夫しているようだ。最近までロンドンに暮らしていた人から、デザインに無関係の人でもハリー・ベックの名は知っている、との話を聞いた。

図4-5　駅出入り口を示すサービスマーク

図4-6　ホーム駅名標にも使われるサービスマーク

図4－7　伝統的なロンドン地下鉄のホーム景観

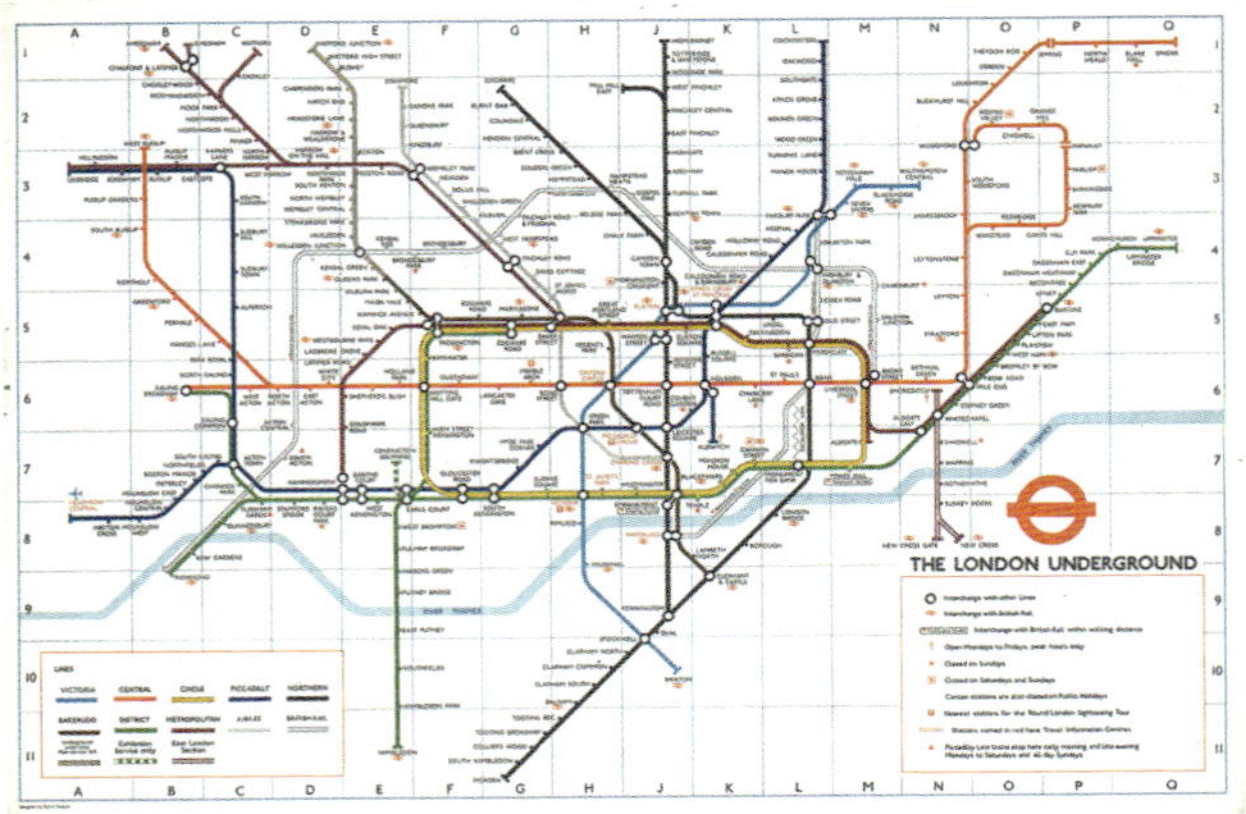

図4－8　地下鉄路線図の手本といわれるチューブ・マップ

2　フランス国鉄とパリ地下鉄──空間構成でわかりやすく

†明瞭な駅をつくるフランス国鉄

　ここでは在来の国鉄駅ではなく、いずれも一九九四年に開業したフランス新幹線の停車駅に注目したいと思う。まずフランス南東部の都市リヨンの国際空港最寄り駅であるリヨン・サン＝テグジュペリTGV（旧称リヨン・サトラス）駅、次に北部のベルギーと接する街リールの在来駅から五百メートルほど離れたところにあるリール・ヨーロッパ駅、そしてパリの玄関口シャルル・ド・ゴール（CDG）空港第二ターミナルTGV駅の三つだ。いずれも明瞭な空間構成で、移動のしやすさへの配慮が徹底されている。

［図4-9］　リヨンTGV駅の構造は、線路上を横断するコンコースから線路と平行に連絡デッキが延びて（写真右、この下には通過線が通る）、その両側の空堀《からぼり》部分にホームがある（写真左、島ホーム左側の線路はまだ敷かれていない）。この構造だと、上下階が相互によく見えるので、移動の仕方がとてもわかりやすい。昇降設備には階段、エスカレーター、エレベーターがあり、任意の手段を選ぶことができる。

[図4-10]　TGVのほか、ロンドンからユーロスター、ブリュッセルからのタリスが停まるリール国際駅も、コンコースとホームの位置関係は、リヨンTGV駅とほぼ一緒だ。ここでは駅出入り口とコンコースを結ぶエレベーターに、まさにバリアフリーのお手本のような設置方法がとられていた。まず駅出入り口を入ると正面にエレベーターがある（写真右）。それに乗って一層下ったところがコンコースだ。振り返ってみると、設置状況が明瞭に見て取れる（写真左）。すなわちこのエレベーターは、最も短い動線上に置かれ、誰でもすぐにそれを発見できる。このような方法こそ、最も推奨されるものだ。

[図4-11]　CDG空港第二TGV駅には、パリ市内からRER（地域急行）線で来る。空港へのアクセス駅であるとともに、TGV、ユーロスター等への乗り換え駅でもある。この写真はRER線ホームから改札階に向かうエスカレーターの途中で、TGV改札内コンコースとホームを見たところ。もしこのように、東京駅の山手線のエスカレーターから、新幹線のコンコースやホームを望められるとしたら、どんなにわかりやすいことか。

[図4-12]　この写真では、同じ駅の改札階の一階上にある連絡デッキから、さらに上階にある店舗フロアを望んでいる。この空間では、周囲に壁を立てていないから、上下方向の眺望が可能になっている。また屋上のトップライトからの自然光がさらに下層階まで届くよう、天井と床面はガラスブロックだ。

図4-9　リヨン TGV 駅のホーム（左）と連絡デッキ（右）

図4-10　リール国際駅の出入り口に設けられたエレベーター

図4-11　CDG空港第2TGV駅の乗り換え経路上の眺め

図4-12　CDG空港第2TGV駅の中間連絡デッキの眺め

†個性的なパリ地下鉄のわかりやすさ

パリでは一九〇〇年の万国博覧会に合わせて最初の地下鉄が開通したが、その建設運営を行ったパリ・メトロポリタン鉄道会社が駅出入り口に「METROPOLITAIN」の表示を掲げた。それを見て人々は地下鉄を「メトロ」と呼ぶようになった。世界中で地下鉄のことを「メトロ」と呼ぶのは、パリをまねたからとの説があるが、同社の名は、パリより三十七年早くロンドンの地下鉄を開通させた英国のメトロポリタン鉄道会社をまねてつけられた、とベンソン・ボブリックの『世界地下鉄物語』には書かれている。

ちなみにパリ地下鉄の運営主体は、一九四九年以来、パリ運輸公社（RATP）だ。

[図4-13] 上からガールデュノール、アベス、ピガールの各駅出入り口。パリの地下鉄風景で最も有名なのは、上二つのような、エクトル・ギマールのデザインによるアール・ヌーヴォー様式の駅出入り口だ。先の文献によれば、アール・ヌーヴォーの愛好家であった市議会議長が独断でギマールを雇い、十三年間に百四十カ所の出入り口をつくらせたという（現存は七カ所か）。このデザインは、有機的な植物の形態をモチーフにしているが、各パーツは鉄を鋳造したもので、工業規格化の先駆的業績として評価されている。

近年では、シンプルな「M」の字をシンボルに掲げている出入り口が多い（写真下）。

[図4―14] パリ地下鉄の駅名標は、書体、大きさとも、駅ごとに思い思いにデザインされている。二〇一四年現在二百九十七駅あるといわれるが、長い歴史のなかでそのようなバリエーションが生まれた。ただし、車内から必ず見えるように、一定の高さに掲出すること、数多く、大きく描くことは徹底されている。

駅名標に、日本のような前駅、次駅の駅名を記す習慣はない。これはパリに限らず、欧米のどの鉄道でもそうだ。

[図4―15] サインシステムはいたってシンプルだ。ホームから出口方向は、ブルー地白文字の「SORTIE」で示す。列車の行き先は両端駅名で示す。乗り換えはオレンジ地に「CORRESPONDANCE」と書かれたボードに、乗り換え路線の両端駅名で示す。これらの方式は、開業以来、百年のあいだ踏襲されてきた。わたしが一九八〇年に交通当局を訪れたとき、案内サインに対するクレームはまったくない、と職員が力説していたことを覚えている。路線番号は管理記号として開業当初からあったが、最近になって、この番号を案内サインに活用し始めたようだ。

行き先案内に両端駅名しか表示されないと、不慣れな利用者は、自分の目的駅にはどちらのホームから乗ればいいのか、わからない。これに応えるため、改札口からホームに向かう通路の分岐位置に、方面別のすべての停車駅を記した案内ボードがあった。

［図4-16］パリの地下鉄はわかりやすいとよく言われる。その理由は、前項の大空間による明瞭性とは対照的に、この写真のように、一本道につくられた動線の明瞭性にある。地盤が悪く、当時の技術では大空間のつくれないこの地下鉄では、駅出入り口と改札口、改札口と各ホーム間の通路が、それぞれ曲折しても独立的に結ばれるようにつくられた。

図4-13　さまざまな様式の駅出入り口

図 4 -14　さまざまな様式のホーム駅名標

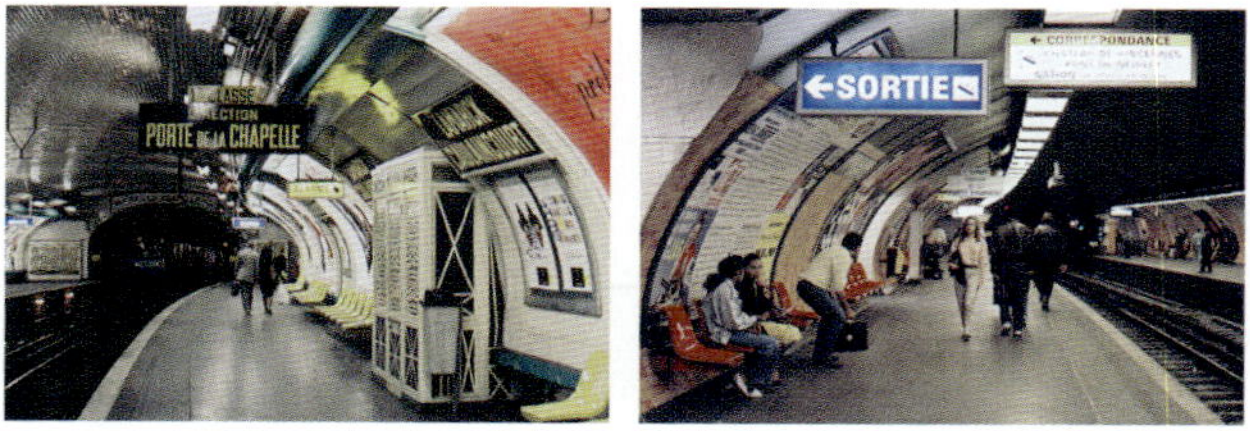

図 4 -15　ホームの出口標・乗り換え標（右）と行き先案内（左）

図 4 -16　改札口とホームを結ぶ通路

3　デンマーク国鉄とストックホルム地下鉄――アートを大切に

†バリアフリーに徹したデンマーク国鉄

デンマーク国鉄（DSB）は、一九七一年から十年にわたって進められたデザイン戦略で有名だ。建築家イェンス・ニールセンをディレクターとするデザインチームは総裁室に直結して、車両、駅舎、グラフィックをトータルにデザインした。

ここでは一九八九年にブルネル賞を受賞したホイエ・トーストラップ駅で、その形跡をたどる。同駅は、コペンハーゲン都市圏の拡大に伴い建設された新興住宅地の最寄り駅で、都心から二十キロほど離れたところにある。

[図4-17]　線路は空堀のなかを通っている。踏切をつくらずに道路と交差し、都心にいたると景観を壊さないように地下に入る線路構造は、ヨーロッパ共通の手法だ。駅のコンコースに向かって、街と同一レベルの橋（デッキ）がかけられ、正面側は歩行者とバスだけが中央のコンコースにアプローチできる（自家用車は、裏側にかけられたデッキを使う）。駅舎はヴォールトという伝統的なかたちをしている。このかたちが、街中に対して、ここ

に駅があることを雄弁に伝えている。
[図4―18]　バス停留所は、中央コンコースのすぐ前にある。バスは利用客の乗降時に、空気バネを使ってステップを歩道面近くまで下げることができるニーリング（ひざまずき）型だ。話には聞いていたこの車種を、この写真を撮った一九九一年に、ここではじめて見た。さすがにノーマライゼーション（障害があっても健常者と同じように生活できる社会を目指す取り組み）の発祥の地だ。
[図4―19]　空堀越しにホームを眺めると、赤い腰板の張られた雨よけのブースと、赤い列車が見えた。「赤」はDSBのシンボルカラーだ。雨よけブースのなかには、ポスターが貼られている。これらのポスターでは、民間に質的な水準を示すために、DSB本社が優れたアーティストに依頼して制作するという、この組織が掲げるパブリックデザインの伝統が、しっかり守られていた。
[図4―20]　中央コンコースにインフォメーション・ボードがあった。この腰板にも、基準に沿って「赤」の塗色。手前二基が鉄道関係、奥の一基がバス関係。交通モードは違っても、統一的な情報提供の仕方が見事だ。鉄道案内は国鉄全体路線図、近郊区間路線図、乗り場別・行き先別時刻表など。バス案内は路線網図、都市マップ、系統別行き先案内、出発場所案内など。いずれも照明も整備されていて、とても読みやすかった。

図 4-17　ホイエ・トーストラップ駅外観

図 4-18　中央コンコース前に着けられたニーリングバス

図 4-19　ホーム全景

図 4-20　中央コンコースのインフォメーション・ボード

†アートで魅了するストックホルム地下鉄

スウェーデンの首都、ストックホルムの街は沿岸部の十四の小島から成る。一帯の地質は固い岩盤だ。その岩盤のなかを地下鉄が島々をつなぐように走る。

［図4-21］駅出入り口は、他都市と違って、扉つきの独立建屋《たてや》型が多い。冬の間、平均気温はマイナス五度、寒いときはマイナス三十度にもなるからだ。そこには各駅共通に、「T」（Tunnelbana《テュンネルバーナ》「地下鉄」の頭文字）のシンボルが表示されている。

［図4-22］岩盤をくりぬいて駅をつくるだけに、立坑《たてこう》を何本も掘るのは容易ではない。そのうえ駅の上は海という場合も多い。そこで、改札口とホームをつなぐエスカレーターに、斜行エレベーターが付設されている。床面が平らなら、カゴが斜めにあがっても、何の問題もないのだ。このアイデアは、とても新鮮だった。

［図4-23］サインシステムは、シンプルでシステマチックだ。駅名は黒地に白文字で示す。当駅名しか書かない。出口は白地に黒文字で「UTGANG《ウートゴング》」と示す。出口方向指示の矢印には、UIC（国際鉄道連盟）で規格化された図記号を用いている。つり下げ型の器具は同一寸法にモジュール化されていて、表示面を外から照らす照明器具が一台ごとについている。このため表示面はたいへん見やすい。

ストックホルムの地下鉄には赤線、緑線、青線と呼ばれる三路線があって、路線図にも、乗り換え案内にも、統一的にこの三色が用いられている。

〔図4-24〕この地下鉄は〝世界で最も長いアートギャラリー〟のキャッチフレーズで知られている。最初の開業は一九五〇年だったが、七〇年ごろから、駅空間全体に絵画やモザイク、彫刻などを施すようになり、今（二〇一四年）では百ある駅の大半が美しく装飾されている。「駅部分も岩盤をくりぬくだけで使えるようになるので、最初はペンキを塗って仕上げた。やがて駅ごとに、一、二のアーティストに駅全体の表現を任せるアイデアが生まれた」と、当局の人から聞いた。

図4-21　ストックホルム地下鉄の駅出入り口（一例）

図4-22　エスカレーター脇に設けられた斜行エレベーター

図 4 -23　とてもシステマチックなサインシステム

図4-24　さまざまにアート表現された各駅の内部空間

4　ユニオン駅とワシントン地下鉄――首都の威信をかけて

†優雅な公共空間を持つユニオン駅

アメリカといえば自動車と飛行機の国なので、鉄道とは無縁と思うかもしれないが、総路線長は二〇一四年の今でも世界一だ。かつては四十万キロもあり、現在は二十二万キロ余り。それでも日本の十倍の長さがある。主に貨物輸送に使われている。

鉄道の歴史もイギリスと並んで古く、蒸気機関車が一八三〇年に走り始めた。アメリカの鉄道の特徴は、ずっと民間企業の競争下にあったことで、買収や合併が繰り返された。そんななか、第二次大戦後は州間高速道路の建設が進み、鉄道旅客は大きく減少した。

一九六〇年代に入ると、多くの会社が旅客営業を廃止した。困った連邦政府は一九七一年に出資して、旅客輸送を運営する公共企業体、アムトラック（全米鉄道旅客公社）を設立した。現在、主に貨物を扱う幹線鉄道会社は八社あり、全米を走るアムトラックのほか、地域の輸送公社などがその線路を借りて、旅客列車を運行している。

ユニオン駅という名は、乗り入れ各社が共同運営することから用いられたもので、全米各地にある。ここで見るのは一九〇七年に開業したワシントンDCのユニオン駅だ。現在アムトラックのほか、メリーランド州地域鉄道、バージニア急行鉄道が乗り入れている。荘重な雰囲気から観光名所にもなっていて、年間三千二百万人が訪れるという。

［図4-25］開業のころ、国内を移動する人のほとんどが鉄道を利用し、駅はまさしく都市の玄関だった。そこで鉄道会社は、それにふさわしい象徴的な駅舎を好んだ。このファサードの間口は百八十メートル、ローマを思わせる古典様式でつくられた。

［図4-26］主待合室の円蓋空間。一九六〇年代、七〇年代の低迷期は、観光案内所に転用されたが振るわず、一九八一年の保存・再開発法でよみがえった。現在では広々とした空間で食事を楽しみながら、列車を待つことができる。

［図4-27］きっぷ売り場と売店コーナー。大空間のなかに吹き抜けを持つ三層構造につくられているので、どこにいても商品や人々の様子が眺められて、とても楽しい。また黄金色にライトアップされた天井が、人々を感動させる。

［図4-28］乗車ホール。このあたりからざわめき感が増す。写真右手のゲートを入ると、このホールと直交する向きにホームが並んでいる。ゲートごとには、二十脚程度の待合いスペース。しかしこの日は鉄道利用者より、見学者のほうが多いようだ。この駅は近くの高校生の社会科見学コースに指定されていると聞いた。

図 4 -25　ワシントン DC ユニオン駅の正面玄関

図 4 -26　主待合室にあるレストラン

図 4 -27　きっぷ売り場・売店コーナー

図 4 -28　ホーム・ゲート前の乗車ホール

†合理的に計画されたワシントン地下鉄

ワシントン首都圏交通局が運営するワシントンDCの地下鉄は、メトロレールと呼ばれる。シンボルは「M」だ。通勤者の四十パーセント近く、平日平均九十五万人が利用するといわれ、世界的に見て、よく計画された地下鉄システムとして知られている。

一九七六年にレッドラインが開通してから、ブルーライン、オレンジライン、イエローライン、グリーンラインが順次開通し、二〇一四年の夏にシルバーラインが開通した。

各路線はいずれも郊外を発して都心を通り抜け、他方の郊外に達するようにつくられていて、政府機関や空港、幹線鉄道駅などの首都機能を、効果的につないでいる。都心区間は複数の路線が同じ線路を走っているから、異なる方面から乗り換えなしで到着できる。また郊外の多くの駅には、パークアンドライド（自家用車から地下鉄への乗り換え）用駐車場が整備されている。

[図4-29] ファラガッド・ウェスト駅（以下同）。地上から一層下りたところに改札階がある。このレベルは、地下の大きなヴォールト（アーチ形天井）空間の中間デッキに位置している。ここできっぷを買って構内に入る。

[図4-30] デッキから下をのぞくと、美しくライトアップされたホーム空間全体を一望

できる。すべてが見えるから、きわめてわかりやすい。写真のように相対式《そうたいしき》（行き先別のホームが向かい合っている形式）ホームの駅では、ホーム上の列車情報板またはエスカレーター脇にあるサインを見て、目的方向に下りることになる。

【図4-31】ホーム上に設置されているサインは、いたってシンプルなものだ。オレンジラインとブルーラインが走る当駅では、二つの路線の停車駅案内が、共通の表示板のなかに描かれていた（左手のサイン、この二線は途中まで同じ駅に停まる）。

駅名標（右手のサイン）に次駅名は示されていない。書かれているのは出口方向だ。この地下鉄では基本的に、出口が駅の両端の二方向にある。非常時避難の観点からも、この対応は適切だ。欧米では道路名の整備が行き届いている街が多いので、出口案内にそれを用いて、シンプルに示すことが可能になる。

【図4-32】人々が車両からホームに降り立ったとき、視界をさえぎるものがないので、すぐに出口方向を理解できる。その駅構造は、基本的に各駅共通で、内部仕上げも共通につくられている。とりわけ壁から天井に連なる大ヴォールトをかたちづくるプレキャスト（あらかじめ成型した）コンクリートが、とても印象的だ。その連続するパターンを、床面と壁の間の、人目につかないところに置かれた投光器で照らし出しているため、美しい陰影ができている。

図4-29　ファラガット・ウェスト駅改札ホール、右手は駅務員ブース

図4-30　改札ホールから見たホーム全景

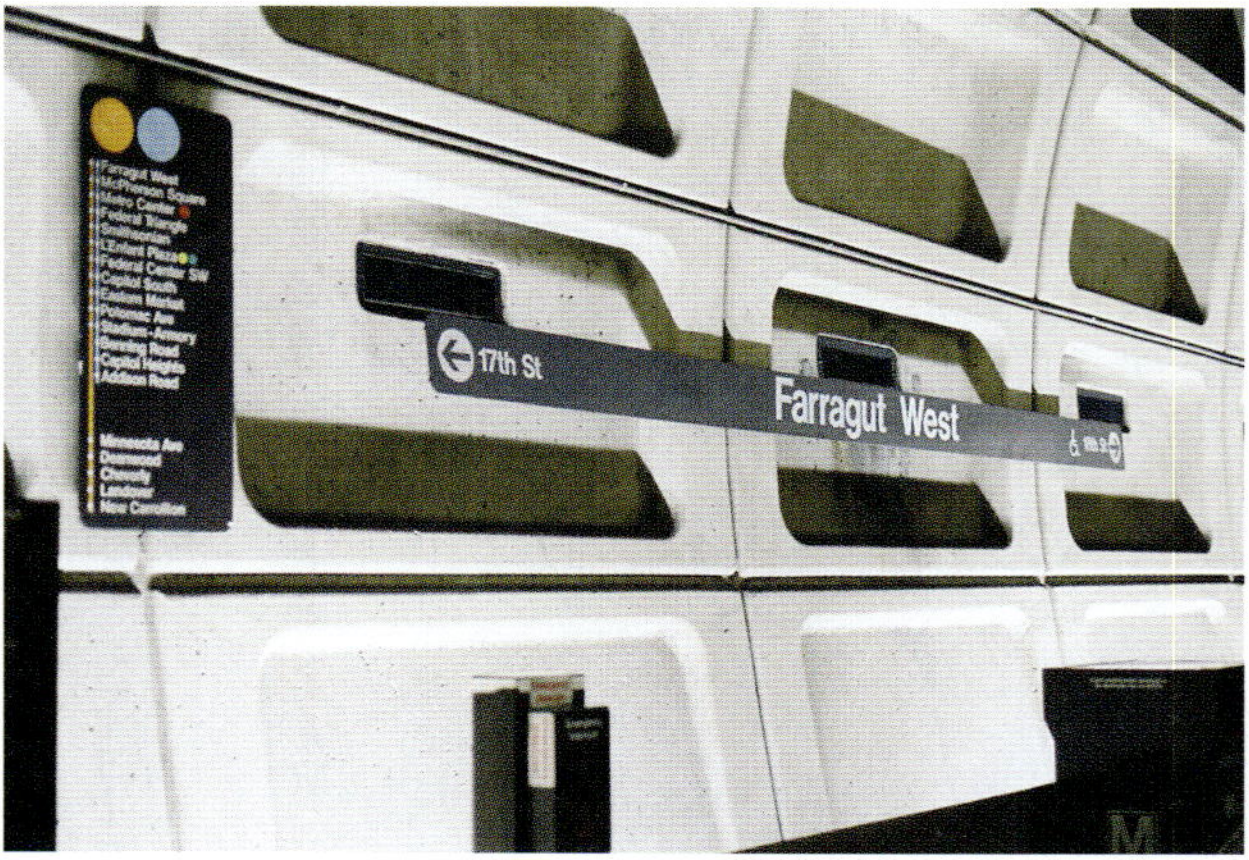

図 4 -31　ホーム側壁の停車駅案内図・駅名標

図 4 -32　ホーム上から改札方面への眺め

5　グランドセントラル駅とニューヨーク地下鉄――国際都市の流儀

†公共空間の要件を示したグランドセントラル駅

二十世紀の初頭、アメリカ東部では、ペンシルベニア鉄道とニューヨークセントラル鉄道が覇を競っていた。ペンシルベニア鉄道は海底トンネルでマンハッタンを横断し、一九〇七年にミッドタウンの西側に、壮麗なギリシャ風建築のペンシルベニア駅をつくった。対するニューヨークセントラル鉄道も北から地下線でマンハッタンに入り、一九一三年にミッドタウンの東側に、壮大なコンコースを持つグランドセントラル駅を建てた。

やがて両社とも衰退し、結局破綻した。ペンシルベニア駅の壮麗な建物は取り壊されたが、マディソンスクエアガーデン内に駅機能は残された。今そこでは、アムトラックなど、中長距離列車が発着する。一方のグランドセントラル駅は、運よく取り壊しを免れ、ニューヨーク州の都市圏交通公社（ＭＴＡ）が運営する通勤列車発着ターミナルとして再整備された。大勢のサラリーマンが利用する駅だ。

［図4－33］　超高層ビルの間に、ひっそりと顔を見せるグランドセントラル駅のファサー

ド。アメリカン・ボザール様式と呼ばれ、往時の隆盛を伝えている。

[図4-34] 百年にわたって、利用者に特別な感慨を与え続けてきた中央コンコース。一九九八年にリニューアルされた。床も柱も大理石で、四十メートル近くある天井には星座が描かれている。ニューヨーク育ちの『都市の記憶』の著者トニー・ヒスは、「この空間は大量の群衆をさばき、近代都市における巨大で高貴な屋内公共空間として人々を感嘆させるべくデザインされた」と書いた。

ここにいると、まず何より大きいことが、公共空間の基本条件だということがよくわかる。狭いところでは決して感じることのできない幅と奥行きと高さからなる三次元の広がりが、大勢の人々の一人として自分がいることを気づかせてくれる。

[図4-35] 欧米では、コンコースの中央は、案内所の設置場所と決まっている。駅とは不案内な人が訪れる場所なのだから、当然の配慮だ。写真の奥に見えるのは路線別の発車時刻と行き先を示した案内ボードで、その下に有人のきっぷ売り場がある。このホールでは次の行動に必要なもののありかが、すべて一望できる。

[図4-36] コンコースの端部にある乗車口。このゲートをくぐると、スロープを下りて列車が停まっているホームにいたる。人々はコンコースで列車を待ち、ホームはただ通り抜けて列車に乗るところというのが、欧米のターミナル駅共通のつくり方だ。

図4-33　グランドセントラル駅のファサード

図4-34　中央コンコース全景

図 4 -35　コンコースの中央に置かれた案内所

図 4 -36　ホームにいたる乗車口

†国際都市の表示基準を示したニューヨーク地下鉄

すでに高架鉄道が走っていたニューヨークに、はじめて地下鉄が開通したのは一九〇四年のことだ。しばらく別な規格を持つ三社の地下鉄が入り乱れて走っていたが、一九四〇年に市交通局に統合され、一九六八年にMTAができて、その傘下に入った。

現在のニューヨーク地下鉄は二十七路線、駅数四百六十八で世界一の規模だ。均一料金で二十四時間運行や複々線による急行運転を行い、利便性はきわめて高い。一時、落書きや犯罪、施設の老朽化で問題視されたが、今ではきれいな駅が多い。

MTA傘下に入る前後に、ばらばらの案内サインの統一を図る話が出て、一九七〇年に最初のマニュアル（設計手引書）がまとめられた。そののち何度か改訂され、わたしたちが見るのはそのサインだが、システムの骨格は初版のものが維持されている。

［図4-37］　この地下鉄では、路線の案内は色丸のなかにアルファベットまたは数字で示す。この方式なら世界中の人がわかる。駅の入り口には、駅名とともに、その路線記号が必ず示される（写真上）。その路線記号は、改札口にも示されている（写真中）。

ホームから地上への出口は、一貫して赤地白文字の「EXIT」で示される（写真下）。アメリカの優れているのは、日本のように、緑の非常口表示と黄色の出口表示を併置する、などの折衷案をとらないことだ。災害が起きれば、同じところから地上に逃げる。その出口案内は、唯一無二の方法で示すほうがいいに決まっている。

［図4-38］マンハッタンの街路は碁盤の目で、その下を走る地下鉄の多くが南北に走っている。この道筋を念頭に、北行きは「Uptown」、南行きは「Downtown」と示される。観光客でも、これならついていける。サインのわかりやすさは、実は、背景にある場面のわかりやすさにかかっているのだ。「Local」は各駅停車、「Express」は急行運転で、複々線運行だから、同じホームに両者は入らない。この点もシンプルだ。

［図4-39］しかし運行がとても複雑になっている駅もある。59番通り駅のこのホームの行き先案内には、「北行き・ブロンクス方面・急行」と見出しが示されて、以下路線別に、「四号線＝○○街駅行き・ただし深夜は上階各駅停車ホーム発」「五号線＝深夜と夕方のラッシュ時を除く△△街駅行きと××街駅行き」と書かれている。

［図4-40］地下鉄は二十四時間運行だが、すべての出入り口が開かれているとは限らない。ここでは、「パイン通りとウィリアム通りへの出口は左。開扉時間＝月曜から金曜の午前七時五分から午後十時三十分まで。その他の時間はウォール通り・ウィリアム通り側出口を使うこと」と書かれ、右方向のディレクションも示されている。

この案内方式のすごみは、表示情報の内容も、表示の方法も、これなら誰もが理解でき

図4-37　サインシステムの典型

るはずと断言できる細部まで、ＭＴＡが責任を負っていることだ。貼り紙の類は一切ない。

次の例にも当局の慎重姿勢がうかがえる。すなわち当初のサイン表示面は白色だったが、黒地に白い文字で描くほうがはっきりと読みやすい、との指摘を受けたとき、車両を用いた視認実験を行ってその正しさを確認したのち、表示面の地色を黒に改めた。

図 4 -38　北行き各駅停車と急行の振り分け表示

図 4 -39　ホームの列車行き先表示

図 4 -40　改札内通路の出口振り分け表示

6　台北地下鉄と北京地下鉄――急ピッチな近代化

†見通しの優れた台北地下鉄

台北市の地下鉄（台北捷運あるいはMRTと呼ばれる）は、一九八〇年代半ばに建設方針が決まり、一九九六年に最初の路線、木柵線（文湖線の南半分、現、文山線）が開業した。以来建設が進められて、二〇一三年はじめには、線名別で見ると五路線、運行系統別で見ると十路線にまで増えた。まだ多くの建設中、計画中の路線があるという。

一つの運転区間に二つの路線名があったり、同一路線名で異なる運転区間の電車が走ったりしているが、このことは、駅でもらえる路線図や案内サインを見てもよくわからない。喫緊の改善課題と思っていたら、最近当局が改善策を検討し始めたと聞いた。

すべての駅は見ていないが、駅の空間構成は、日本の地下鉄より優れていた。ここでは板南線の忠孝復興駅を取りあげて説明する。

［図4-41］ホームの天井が吹き抜けになっていて、連絡通路からホームの様子を一望できる。この構造はここだけではなく、板南線のほかの駅でも、文湖線松山機場（空港）駅

でも見られた。何事であっても、まず見えることがわかることの基本だ。［図4-42］上から下が見えるということは、当然下から上も見えるということだ。ホームにいて、上の階につり下げられているサインまで見えてしまうので、そのシステムを知っている人は、自分の進行方向をすぐに理解できる。またホームにいて、空間が大きいので圧迫感がなく、安心感さえもたらしてくれる。

［図4-43］ホーム上の駅名標と行き先表示は、ホームと線路の境部分に長く取りつけられたボーダーサイン内に示されている。駅名は中国語と英語。行き先表示には、終点と台北市の中心、台北駅の名が記されていた。

ボーダーサインは照明ボックスを兼ねて、ホーム縁辺部を明るく照らしている。転落防止の可動柵は、ホームと車内の双方から見えやすいように、またホーム空間を少しでも広く感じてもらうために、透明材を用いてつくられていた。

［図4-44］連絡通路のサインは日本で見かけるものに似ていた。乗り換え案内は路線名による。右端に運転区間両端の駅名が示されている。出口案内は黄色の文字。地上にいたる出口に番号が振られていて、主要な駅周辺施設がその下に記されている。使用している文字の大きさの違いが著しく、小さく書かれた文字は、かなり近づかないと読み取れない。前節のニューヨークと比較すると、改善の余地が残されている。

図４-41　連絡通路から一望できる忠孝復興駅ホーム

図４-42　吹き抜けになっているホーム空間

図 4 -43　ホーム縁辺部のボーダーサイン（紺色の塗装部分）

図 4 -44　連絡通路の出口・乗り換え案内

†標準化と個性化を進める北京地下鉄

北京市に最初の地下鉄が走ったのは一九六九年というから、いわゆる毛沢東時代、中ソ国境紛争が勃発した年で、文化大革命が始まって三年経った時期だった。続く二号線が開通した一九八四年は、改革解放の時代に入っていて、このころから中国は「世界の工場」と呼ばれて、経済が急成長を始めた。

地下鉄の建設に弾みをつけたのは、なんといっても二〇〇八年に開催された北京オリンピックだ。二〇〇二年からの六年間に、六線が増えた。その後も建設は加速され、二〇一三年末現在、十七路線。二〇二〇年までに計三十路線にする目標があるそうだ。

オリンピック前後から建設された駅の整備水準は、かなり高い。各駅の空間構成を標準化する一方、駅ごとの特徴づくりには周到な工夫が施された。各駅にエレベーター、エスカレーター、トイレが設備され、乗り換え駅には動線別の通路がある。

[図4-45] 駅の構造はおおむね地下一階が連絡通路と改札ホール、地下二階が島式のホームで、改札口は駅の規模により一または二カ所。地上への出口は連絡通路の両端に二ないし四カ所。欧米型というより、ほぼ日本型構造と言えるが、単位ごとの空間は広い。

乗車券のICカードは自動販売機または有人窓口で買う。改札入り口と改札出口は区別して運用され、その中間に有人窓口兼駅務室を置く駅が多い（写真上）。

調査したすべての駅に、ガラススクリーンのホームドアがあった（写真中）。その上部にホームの全長にわたってボーダーサイン。当駅の駅名、号線名、行き先方面、当該路線の停車駅案内図が繰り返し表示されている。文字が大きく、照明もあってとても見やすい。出口へのディレクションは緑の「出」シンボルで統一されている（写真下）。ホーム上の遠くから見て、その位置にある昇降設備がエレベーター、エスカレーター、階段のいずれかわかるように、設備種別のピクトグラムも併記されていた。

［図4-46］　来訪者の多い駅の連絡通路に、周辺地区を印象づける造形物があった。写真右は円明園駅のレリーフ。円明園は清朝皇帝の庭園で、そのなかに宝物庫もあったが、十九世紀後半、中国進出を謀る列強に略奪、破壊された。このレリーフは、そうした史実を伝えている。写真左は南鑼鼓巷（小路）駅の陶板画。近くに有名な胡同（フートン、旧城内の路地）保存地区があり、外国人を含む多くの観光客が訪れる。このグラフィックは、その街のイメージをダイナミックな構成で描いている。

［図4-47］　ここは北土城駅。オリンピック会場が並ぶ八号線と、第二環状線の十号線が交差する乗り換え駅だ。この駅は「青花」をモチーフに内装がまとめられていた。青花とは、白地に青い文様を描いた磁器のこと。竜や植物の図柄が多い。長い中国の陶磁器の歴

史のなかで、十四世紀の元の時代に生まれたという。その青花の蔦文様をゲートや柱型、サインポストなどにあしらっている（ホーロー仕上げのようだ）。

［図4-48］写真右は奥体中心駅、左はオリンピック公園駅のホームだ。オリンピックの開閉会式が行われ、「鳥の巣」の名で知られる北京国家体育場は、両駅の中間にある。

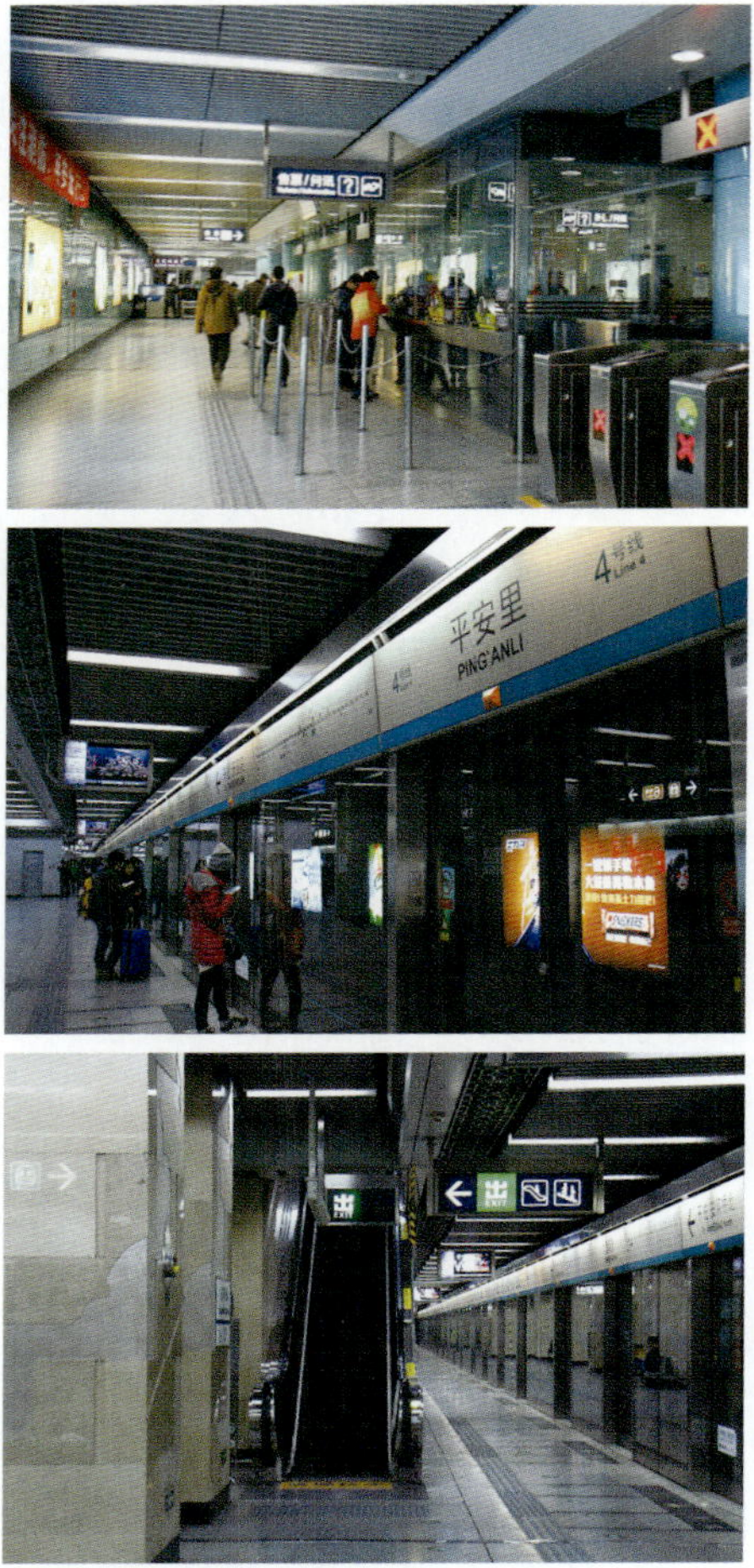

図4-45　北京地下鉄の標準的な駅構造

図 4 -46　通路壁面につくられた造形展示物

図 4 -47　青花をモチーフにした内装デザイン

図 4 -48　オリンピック路線駅のホームデザイン

この両駅では、ホームの天井から柱にかけて、内部空間を一体的にデザインしていた。ともに天空を樹木が支える構図で、奥体中心駅の柱は、青磁の肌を意識したか。ともあれ空間全体をカンバスにしているところが大胆だ。ホーム縁辺部は、両駅ともホームドアとボーダーサインによる標準的な仕上げになっていた。

中国造形のおもしろさは、ユニークなアイデアと表現の奔放さにある。どちらかと言えば引き算というより、足し算のデザイン。これまで見てきたなかでは、ストックホルム地下鉄の発想に近い。市内に林立する現代建築物を見ても、上海博物館で数千年の歴史のなかで生み出されてきた品々を見ても、同じように感じる。おそらくものをつくることが飛び切り好きな人々なのだ。

図4-49の上二コマは一号線建国門駅で一九九九年の完成、下二コマは二号線宣武門駅で一九六九年の完成だが、二〇〇二年時点で、両駅のイメージに大きな違いはない。しかしこれらと前頁の駅を比べると、そののち急激に近代化したことがわかる。

図4-50の二コマは、一九九二年に撮った香港地下鉄の駅だ。むしろこちらのほうが、現在の駅イメージに近い。経済的にゆとりのできた北京の交通当局は、オリンピックが契機の地下鉄建設にあたり、世界各地の状況をよく研究し、そのうえで本来の創造性を発揮して、でき得る最高の駅づくりに挑戦したように見える。

図４-49　2002年に撮影した１・２号線の駅

図４-50　1992年に撮影した香港地下鉄の駅

上の写真は、最近整備されたJR大阪駅の在来線ホームと連絡デッキをつなぐエスカレーター。日本でもようやく、こうした移動空間の可視化への取り組みが始まった。この章では、今なお圧倒的多数の人々に不便をもたらし続けている、国内の大規模駅デザインの問題点を指摘する。

第5章 日本の駅デザイン

1　ＪＲ新宿駅――わかりにくさ世界一

†つながりのわからない空間構成

明治以来、急いでつくられた日本の鉄道は、欧米と違って都市部にいたっても掘割や地下に入らず、線路は地表に敷設された。この構造が駅をとても複雑にする遠因になった。一階にホームがあると、人は上って下りるか下って上るかしないと外に出られない。

ＪＲ新宿駅も、基本的にはこうした構造からスタートした。現在、西口地下広場と東口駅ビル地下を結ぶ北通路、およびそれと平行する中央通路が地下一階で、ホームが一階、甲州街道の陸橋に出る南口コンコースと陸橋の南側に最近増設されたサザンテラス口・新南口のある連絡通路が二階になる。改札出口は地下階に六カ所、南口コンコースに二カ所、南側増設通路に二カ所で、合計十カ所ある。

接続する路線は、まずＪＲの埼京線、湘南新宿ライン、成田エクスプレス、中央本線、中央線快速、中央・総武線（各駅停車）、山手線があり、ほかに他社線で、西側隣に小田急線、さらにその西側に京王線、西口地下広場の先に東京メトロの丸ノ内線と都営大江戸線、甲州街道の西側地下に京王新線と都営新宿線、それに北にあるのとは別駅の都営大江戸線がある。合計十四路線だ。

ＪＲ七路線は並列する八本のホームに分かれて発着していて、そのホームごとに個別の屋根が架けられている（図5-1）。このため全体的な状況がわからず、様子が見えるのはせいぜい隣のホームだけだ。これがもし、前章で紹介した英国鉄道の駅や、図5-2に示すミュンヘン中央駅のように、全体を高い屋根で覆うことにしたら、ホーム相互の見通しはずっとよくなる。サインの工夫次第で、乗り換えも格段にわかりやすくなるはずだ。

ホームと二階コンコースの関係も同じようなことが言える。ホーム上、階段に近づくとき上階の様子はまったくわからず、誰もがあちこちに出されているサインを頼って、ようやく自分の進路を見つけているありさまだ（図5-3）。これがもし、フランスのＣＤＧ空港駅のように、上下階の見通しを確保できる構造に見直されれば、はるかにわかりやすくなる。図5-4は、同じＪＲ山手線の田端駅だ。このようにつくればいい。新宿駅でこの水準の見通しが確保できたら、毎日百万人規模の人々に、恩恵をもたらすことになる。

こうした公共空間の貧しさは新宿駅に限られるものではないが、日本を代表する鉄道会社であるＪＲ東日本には、乗降客数世界一を誇るこの駅でこそ、模範的な公共空間をつくってもらいたいとつくづく思う。

図５－１　JR 新宿駅のホーム景観

図５－２　ミュンヘン中央駅のホーム景観

図5－3　JR 新宿駅ホームから南口コンコース方向の眺め

図5－4　JR 田端駅ホーム上の出口方向の眺め

†識別限界を超える複雑なキーワード

十四路線もの鉄道が、見通しの悪い地上空間と迷路のような地下空間に散在している新宿駅で、現在のように鉄道会社ごとの整備に任せて、わかりやすい案内サインを得ることは絶対に不可能だ。もし本気で外国人の来訪を望むなら、ニューヨーク州のMTAのように、あるいはハンブルク市のHVVのように、首都圏全体を視野に入れられる組織によって、路線名はもとより、案内体系全般を抜本的に再検討することが必要だ。

外国人にとって、中央本線、中央線快速、中央・総武線（各駅停車）の違いを理解するのは至難の業だ。京王線と京王新線、北の大江戸線と西の大江戸線の違いもわかりにくい。外国人に限らず、日本人でも圧倒的多数の人々が、不安を覚えながらこの駅を利用しているはずだ。すでにアルファベットと数字を用いた駅符号を導入している鉄道会社も多い。あと一歩で、路線名のユニバーサルコード化は実現できるはずである。

曲折を経て、十を数えるにいたってしまったJRの改札口名称も、意味のわからないものが多い（図5-5）。「中央西口」と「西口」で、行き着く先はどう違うのか。「新南」とは、どんな方位を示すのか。つまり漢字ではあるが、その意味性を放棄して、単なる記号として使っているだけだ。すでに抜本的に整理すべき時がきている。さらに他社の七路線まで視野に入れると、駅出口の名称はもはやクイズのようだ。

歴史的に見ると、JR東日本の新しい案内サインがはじめて新宿駅に出現したのは、一九八八年のことだった。それ以前は古めかしい掲示器が雑多につり下げられていたので、この整備で、駅全体が一夜のうちに現代風に衣替えした印象があった。今でも一部のサインにその形跡を見ることができる（図5-6）。

図5-7は南口コンコースで、左手に下りると十の列車乗り場がある。一九八八年の整備当時、その下り口に、十台の乗り場別・列車行き先案内が整然と並んだ（写真で言えば、九、十、十一、十二などの番線ごとに、別々の入り口サインが設けられた）。それがいつからか、今のように九と十、十一と十二をまとめて書くようになった。その結果、サインの整列で「乗り場の入り口」という場の意味を伝える機能は失われた。これは改善だったのかどうか。性質のわからない空間が残された。

図5-8は地下一階にある北通路で、二〇〇〇年前後からこのサインがついている。これほど不愉快なサインもめずらしい。批判に応えて無理やり目立たせようとしたのか、照明と器具を一体化したサインが低い天井の頭上間近に、繰り返し掲出されている。整備当初はまぶしくて目を向けられなかった。しかも情報はたどれない。いまでは逆に、消えたままの照明が放置され、無残な空間に成り果てている。

図5-5　新宿駅ホーム上の出口案内サイン（乗り換え専用口は無表示）

図5-6　路線ごとに色分けされた乗り場案内サイン

図 5 - 7　南口コンコースのホーム階段口付近

図 5 - 8　北通路の照明兼用案内サイン

2　JR名古屋駅――ピントのずれた旅客サービス

†可視化を捨てたコンコースの駅機能

まれではあったが、日本でも都市計画的な視点から鉄道駅が整備された時期があった。明治末期に建設された万世橋駅、中央停車場（現、東京駅）、烏森《からすもり》駅（現、新橋駅）、昭和の初期に建設された兵庫駅、三ノ宮駅、神戸駅、大阪駅、名古屋駅などだ。いずれも高架に線路が敷設されて、自動車交通や路面電車と立体的に交差した。

なかでも一九三七年にできた名古屋駅は、空間構成が特に優れた駅だった。出札室（きっぷ売り場）、食堂、待合室、コンコースなどがすべて高架下の一階に集められた。東西の街と接するコンコースは、最初から自由に通り抜けできた。ホームは二階にある。乗車と降車の動線が明確に区分されて、コンコースと平行するように、南側の中二階に乗車通路が、北側の中二階に降車通路がそれぞれ設けられていた。

現在ではすっかり複雑化してしまった名古屋駅だが、自由に行き来できるコンコースはそのまま維持され、かつての乗車通路が改札内の中央連絡通路に、降車通路が北側連絡通路に使われている。しかし街から駅を眺めると、二棟のタワーと百貨店がそびえ立ち、内部の空間構成をうかがい知ることは不可能だ（図5-9）。

図5-10は、桜通側の近距離きっぷ売り場付近から中央改札口方向を見たものだ。終日人通りが激しく、改札口の位置はよく見えない。この内装は一九九九年のセントラルタワーズ開業のとき一新され、そののちもう一度天井や柱型を変えている。そうした改装時に、〝駅の機能を見せる〟という考え方はあまりなかったようだ。

九九年時には、ライン照明と照明入り広告付丸柱の連続するさまが印象的な空間だった。二度目の改装では、右手の角柱につけられたデジタルサイネージ（動画で表す広告用ディスプレイ）の連続と、左手改札口の両側にある「名古屋うまいもん通り」（中央通路の地下に設けられた飲食街）のゲートが目立つつくりになった。

図5-11は、名古屋駅コンコース端部の地下鉄東山線乗り換え時に利用する出入り口で、図5-12は、フランス国鉄のリール駅コンコース端部にある地下鉄乗り換え口だ。見てのとおり、名古屋では一旦外に出るが、リールでは駅内で乗り換えられる。前者は日本の標準方式、後者は欧米の標準方式。どちらが楽かは言うまでもない。

日本の国鉄はどこでも、地域交通とのスムーズな乗り継ぎにまったくと言っていいほど無関心だったし、JRになったからといって改善されたわけでもなかった。

図 5 - 9　JR 名古屋駅外観

図 5 -10　コンコースの中央改札口方向の眺め

図5-11　JR名古屋駅の地下鉄乗り換え口

図5-12　フランス国鉄リール駅の地下鉄乗り換え口

†身内企業を優先する案内サイン

図5-13は新幹線南口前の様子だ。サインを見上げると旅行者に不可欠な地下鉄、近鉄、名鉄への乗り換え情報が示されていない。なんと「名古屋マリオットアソシアホテル」と「ジェイアール名古屋タカシマヤ」の方向指示情報があった。

名古屋駅の一日あたりの利用者数は全体で百十二万人、うち地下鉄が三十五万人、近鉄が十一万人、名鉄が二十七万人というから、少なくない人々がここで乗り換え経路を探しているはずだ。実はこのサインの裏側に乗り換え情報は書かれていた。しかし改札を通った直後は、サインを見る間もなく、人混みに押し出されてしまったし、よく見ると、ちょうど緑の避難通路誘導灯が表示画面をふさいでいた。

図5-14を見ると、ホテル名が大きく描かれ、近鉄線、名鉄線の名は右隅に小さくある。この駅の表示情報選択の基準では、乗り換え情報よりJR関連施設の案内に優先度があるようだ。しかしいうまでもなく、鉄道駅では乗り継ぎ情報へのニーズは極めて高い。

図5-15の連続したサインには戸惑いを感じざるを得ない。一見して何が同じで何が違うか、よくわからない。目に入るすべてのサインに同じアイコンが使われているのに、併記されている語句が一台ごとに異なるからだ。一台目は「いますぐ「新幹線」」と「自動

きっぷうりば」、二台目は「自動きっぷうりば（新幹線・在来線）」、三台目は「自動きっぷうりば」と「新幹線」。結局このアイコンは新幹線にかかわる情報すべてについていて、利用者の行動をサポートする文脈で用いられていないようだ。だから識別には使えない。またこれらのサインだけを見ると、「在来線」は二台目の位置でしか売っていないことになるが、実際には、すべての場所で購入できる。この区別の意味もわからない。

何より問題なのは、この過剰なサインの整列が、むしろ空間の意味をわかりづらくしていることだ。その遠因は、前項でも触れたように、内装の仕上げ方法にある。この空間は、単なる通り抜け通路ではなく、大きなコンコース内で、前項の改札口と対照する位置にある出札ホール（きっぷを買うための空間）なのだ（図5-16）。有人窓口でも無人の券売機でも、人々が集まるホールであることに変わりない。

人が集《つど》うホールには、それなりの設《しつら》えがいる。そうした空間意味の違いが内装計画で表現されていれば、このようなサインの掲出方法はとらなかったと思う。普通、サイン設計者の裁量は、与えられた空間に制約されてしまうからだ。

デジタルサイネージ用の列柱によって隠されてしまった駅機能をサインだけで表すために、この騒々しいサイン配置が計画された。一方で、これほどまでの台数を用いなければそれを伝え切れなかったのか、その手法の適否は、サイン設計者に問われる。

図 5 -13　JR 名古屋駅新幹線南口前の案内サイン

図 5 -14　近鉄線・名鉄線連絡通路の案内サイン

図5-15　新幹線・在来線きっぷ売り場の案内サイン

図5-16　コンコースからきっぷ売り場方向の眺め

3　JR京都駅――部分に留まった第一級の空間整備

†テーマは商業施設建設

一九九七年に竣工したJR京都駅北側建物（駅ビル）の第一の功績は、人々が集まる公共空間では、いにしえの伽藍のように、外観より内空の大きさこそ人々に満足感をもたらすという事実を、現代日本社会に示したことだと思う。駅前広場に高さ六十メートル、長さ四百七十メートルにわたって姿を現すこのビルは、外皮の内側で東西に向かって段丘が吹き抜けて、駅コンコースが谷底に位置するようにつくられた。

図5-17が西方向の眺めで、この大《だい》階段の下に十一階建てのデパートが入っている。図5-18は東方向の眺めで、この正面から写真右手の駅コンコース上部にかけて十五階建てのホテルがある。コンコースに立つと誰でも、この東西に抜ける空間を思わず見上げずにはいられない。そして、ありきたりでない歴史と文化を持つ特別な街、京都にやってきたとの感慨を、一層深くするのだ。

余談ながら、デパートの建物を斜めにえぐって設けられた大階段は、内部の店舗にもダイナミックな空間構成をもたらした。この大階段下の店内には、それをなぞるように二階から十一階まで一直線に連なるエスカレーターがかけられていて、いやが上にもショッピングへの期待が高まるようにできている。

駅空間の話に戻り、とても残念なのは、駅コンコースの平面的な狭さ、特に駅前広場までの奥行きがとても小さいことだ（図5-19）。観光シーズンになると、床に置かれた荷物やたむろする人々でまっすぐ歩くこともできない。ときにはあふれて屋根のない広場まで押し出されてしまい、旅情を楽しむいとまもない。デパートやホテルが広場側にせり出しているところを見ると、コンコースもそうはできなかったものか。

この駅ビル建設は「平安建都千二百年記念」の事業で、複合型ターミナル機能を持たせる条件で実施されたという。駅を百年、千年の尺度で見るというなら、線路・ホーム・コンコースという駅全体を、都市計画的な視点から再構築する議論にまで言及できなかったのはなぜだろう。一部に駅機能が入っているとはいえ、ホーム空間には手をつけず、主題は駅に併設する商業施設に限られた（図5-20）。

相変わらず、鉄道に乗る人も降りた人も、上って下りなければ目的の場所にたどり着けない駅空間が残されている。今回も、不便でわかりにくい地域交通への乗り継ぎ問題を空間的に解決する課題は、先送りされてしまった。

図５-17　JR 京都駅中央口の西方向の吹き抜け

図５-18　同上、東方向の吹き抜け

図5-19　駅の中央コンコース

図5-20　駅構内の跨線橋から見たホームの様子

†駅ビル案内中心の公共サイン

ＪＲ京都駅は中心市街地の南端に位置するので、多くの観光客がこの駅コンコースを行動の起終点にしている。新幹線や近鉄を利用するなら、ここからまず二階に上がって南北自由通路を通り、再び中二階に下って各々の改札口にいたる（図5-21）。

その階段・エスカレーターの上り口にある案内サイン（図5-22）と、二階を左に回って自由通路に出る箇所に掲出された案内サイン（図5-23）は、公共空間のサインのあり方を考える反面教師になってしまっている。

階段・エスカレーター上り口の左手の二台のサインでは「二階に南北自由通路」があり、それ経由でＪＲ線西口、新幹線中央口、近鉄電車、八条西口、〝時《とき》の灯《あかり》〟（待ち合わせ場所）、京都総合観光案内所、駅ビルインフォメーションがあることを示し、右手の二台のサインでは「上ると二階と十一階を結ぶ駅ビル南エレベーター」があり、それ経由で美術館、旅券事務所、府国際センター、ハートプラザＫＹＯＴＯがあること、また「上るとレストラン街、大空広場、大階段、室町小路広場」があることを示している。自由通路への左折箇所に出されたサインでは、先述左二台プラス右一台の情報を繰り返す。

こうして仔細に見ると、南北自由通路、駅ビル南エレベーター、レストラン街が案内の軸になっていて、掲出者が駅ビル中心にものごとを考えていることがわかる。一方ここは、管理者が誰であろうと、毎日十万規模の人々が移動する交通要所で、事実上、公道であることはまぎれもない。ここを通らなければ南側に移動できないのだ。

機能が複雑化してしまったこの施設では、旅行者が目指す新幹線も近鉄も、八条通以南の街々も、まったく目にすることができない。そのような状況下では、本来空間が含有すべき情報力の不足をサインが補って、施設全体の骨格や街のオリエンテーションを伝える役割を負わざるを得ない。不特定多数の人々が必要とする情報をないがしろにして、自分のところの宣伝に終始しているわけにはいかない。

そのようにこれらのサインは、表示情報の選択基準に決定的な欠陥があるが、加えて情報の多さと文字が小さいことによる見にくさはどうだろう。道を見失った人が立ち止まってなんとか解読しようとしていると、うしろから来る人に突き飛ばされてしまう。

図5-24は南北自由通路のなかほどのJR在来線改札付近にあるサインだ。このサインも明快でない表現方法がとられている。なぜ「在来線」と言わず「JR線」と言うのだろう、前者のほうが新幹線と区別しやすいのに。なぜ「新幹線」をこんなに小さく書くのだろう、遠来の通行者が多いのに。「八条西口」の表現は、普通には「八条通の西の口」に解される。ところがそこは、街を東西に貫く八条通に面した、駅の西端口にすぎない。

図5-21　駅コンコースの階段・エスカレーター上り口

図5-22　階段・エスカレーター上り口の案内サイン

図5-23　南北自由通路に出る箇所の案内サイン

図5-24　南北自由通路上の案内サイン

4　東京メトロの駅——狭隘化と過剰表示の進行

†空間構成の見えない駅構造

二〇〇四年に設立された特殊会社（出資者が日本国政府と東京都）東京地下鉄株式会社（東京メトロ）は、それまでの帝都高速度交通営団（営団地下鉄）の資産と事業をそっくりそのまま引き継いだ。二〇一四年現在、百七十九駅を管理し、民営化後開業したのは七駅だけだから、ほとんどの駅は営団時代につくられた。

第2章でも触れたように、東京の地下鉄は、首都圏への人口集中に対応するため、一九六〇年代から猛烈なスピードで新線建設が進められたため、事業者に利用者の立場に立って空間構成を工夫する余裕はなかった。

さらに土木部門が鉄道建設全般の主導権を握り、建築部門は内装仕上げしか担当できないことも、利用者を省みられない一因になった。土木部門ではトンネル工事が関心の中心で、駅構造は前例にならって、あっという間に決めてしまう傾向が強かった。

図5-25は、半蔵門駅の改札階からホームに下りる階段途中の眺めだ。このように東京

の地下鉄では多くの駅で、階段の両側が壁で覆われている。このため上からホームの様子はまったくわからない。加えて石や金属など、壁に硬い仕上げ材が用いられているので、音がよく反響する。その結果、ゴーッという電車が入ってくる音がしたので慌てて駆け下りたところ、逆方向の電車だった、などのことが日常的に起きている。

もし図5-26のように、階段の上下双方から互いによく見える空間がつくられれば、利用者のストレスは、大幅に軽減できるはずだ。

図5-27は、二〇〇七年ごろにリニューアルされた銀座線・半蔵門線の表参道駅のホームだ。経年変化で黄ばんでしまった駅から、真っ白い清潔感あふれる駅になった。しかし残念なことに、手を入れたのは仕上げ材だけだった。相変わらず電車を降りたとき、柱と壁に遮られて、出口方向を認めることはできない。ほかの人たちの様子を見て、半信半疑のまま、みんなが動く方に向かい始めるありさまだ。明快な判断はできない。

図5-28は、半蔵門線大手町駅のホームの様子だ。つり下げサイン、自立サイン、売店などが大型化されたり増設されたりして、利用者が望める視界が大幅に小さくなった。また歩いたり電車を待ったりできる空間も減ってしまった。明らかに近年、利用者に提供されているホーム空間の質は、低下している。

東京メトロの空間構成で特筆すべきものに、駅出入り口の開放化の動きがある。

図5-25　半蔵門駅のホーム階段の様子

図5-26　ミュンヘン地下鉄駅のホーム景観

図 5 -27　表参道駅のホーム景観

図 5 -28　大手町駅のホーム景観

図5-29は、港区の泉ガーデン竣工（二〇〇二年）に伴って整備された南北線六本木一丁目駅の出入り口だ。駅の地下一階の改札口が、そのまま写真右手の泉ガーデンの大きなサンクンガーデン（沈床園）につながっている。そこはこの再開発地区にあるオフィスビル、ギャラリー、マンションなどの玄関口にあたる。

図5-30は、二〇一三年に竣工した中央区の東京スクエアガーデンのサンクンガーデン側に接続する京橋駅の三番出入り口だ。写真奥が改札階になっている。この二例とも再開発側から申し出があったのかもしれないが、いずれも九九頁の図3-14などでイメージした居住性改善案が、ようやく実現した姿と言えるだろう。

†企業広告に置き換えてしまった情報源

営団時代と東京メトロのサインを比較して大きく様変わりしたのは、各サインの表現スタイルだ。かつて丸ノ内線は赤い〇、千代田線は緑の〇と定めたので、乗り場を示すサインは白地だった。それが東京メトロでは、図5-31のように紺地になった。新会社の方針で、会社マークの紺色を地色に用いたためだ。紺地のなかに青や紺の〇も描かなければならないため、白の四角ベースを加えている。〇のなかにアルファベットも加えた。三九頁の図2-8と比較すると、相当複雑な図形になった。

ちなみに写真の例は、字数も増えてレイアウトが相当に窮屈だ。とりわけ三田線と丸ノ内線が接するように置かれて、この両者の指示方向がひと目で区別できなくなっている。このように近寄って置かれるとまとまりとして認識されてしまう傾向を、認知心理学で近接群化という。つまりこの両者は十分に離さないと別物に見てもらえない。

図5-32は、民営化以降に導入された出口・周辺案内の全駅統一スタイルだ。四二頁の図2-10の方式と比較すると、案内機能が大幅に低下したことがわかる。

まずマップだが、表示範囲を広げつつ表示面を小さくしたので、表示文字が小さくなった。かつては街の案内図であったが、いまは企業や店舗の案内図に置き換わり、広告料を払った広告主——会社、クリニック、花屋、本屋など——を、目立つように赤字で書いている。対照的にお金を払わない施設はグレー字で一段と小さく書かれる。その結果、目的地を探しきれない様子の人をよく見かけるようになった。

黄色の駅周辺施設案内の劣化も著しい。かつては左右に振り分けて、立ち止まらなくともすぐに読み取れるように、大きい字で限られた目印情報が示されていた。しかし民営化した当初、この表示を広告扱いにしたために、情報量が激増した。その後料金を取るのはやめたと聞いたが、一度出してしまった企業などの名前を削除することは難しい。その結果、情報があふれて、不慣れな人ほど読み取りづらい案内表示になった。

図5-29　六本木一丁目駅の大サンクンガーデン出入り口

図5-30　京橋駅のサンクンガーデン出入り口

図５-31　東京メトロの典型的な乗り場案内サイン

図５-32　東京メトロの典型的な出口案内サイン

5　東急東横線渋谷駅——誰のための駅デザインか

✝人々から視界を奪った地下移転

東急東横線渋谷駅は、東京メトロ副都心線との相互直通運転のため、二〇一三年三月に地上二階から地下五階に移転した。二〇〇四年の横浜駅の地下化に続くものだ。

かつての駅は頭端式で、一五面のホームを覆う高い天井が、たった一列の鉄柱で支えられて、とても見通しのいい駅だった。風が抜けて外の景色もよく見えた。

わたしはこの路線をよく利用するが、この新駅には落胆した。知り合いもみなが怒った。混雑がひどくなり、乗り換えの仕方も街への出方も見当がつかなくなった。五面から四面に減ったホームを占拠するのは、太い柱と階段、エスカレーター、エレベーター、それにベンチとサイン。人が歩き電車を待つ空間はない、と言えるほど狭い（図5-33）。

前章で見たように、あるいは図5-34に見るように、全体を見渡せるようにつくるのが、世界の乗降場建築の基本だ。この駅整備では、内外で公共建築を手がける建築家も設計に参加したと聞く。ではなぜ、そんな公共空間の基本がまったく無視されてしまったのかをまず問いたい。朝夕のラッシュ時の混雑状況はまことにひどい。階段壁の脇では人が詰まって身動きできなくなり、独立柱とベンチが占める空間ではぶつかり合って言い争いまで起きる。それを毎日、何万もの人々が繰り返しているのだ。

ヒカリエ側の二つの改札口に、それらを覆う巨大な楕円形のカプセルが埋め込まれて、二層下のホームの天井にその底を見せている。これは〝地中深くに浮遊する都市文化の創造拠点〟を表す「地宙船」だという。建設したゼネコンのウェブレポートには、四百二十パーツに分割製作して運び入れたとあった。

図5-35が、そのカプセルの改札越しの眺めだ。卵形の宇宙船が地下に浮かぶイメージを表現したというが、設計者は、この巨大なコンクリートの〝船〟に閉じ込められた人々の感覚をどのように想像したのだろう。利用者動線のボトルネックで〝文化創造〟をうたうこのアイデアは、少なくとも利用者側に立った発想ではなかったように思う。

図5-36は、東横線・副都心線から田園都市線・半蔵門線に乗り換える連絡通路だ。この駅は全体的に、ライトグレーに塗色された金属壁とアルミ素地色の天井、グレーの床面で構成されている。そのなかにかなり強い調子のサインと広告が入る。それがすべてで、風景はない。先の見えない通路で、その単調さに息苦しさを訴える人も多い。

地下駅がわかりにくい最大の理由は、駅全体が地中に埋められて外観が見えないことだが、それは同時に風景の喪失を意味する。風景とは、人間が生きるのに必要な外界の情報源なのだ。それがないと閉じ込められた感覚が増して不快感が生じる。

使える資金と造形力のすべてを投入して、どうにかして地下に広々とした空間と風景をつくり出す、そのことがこの駅のデザイン上の最優先課題ではなかったか。プロジェクトリーダーが、誰のイメージを重要視したかが問われている。

図5-33　東急東横線渋谷駅地下ホーム

図5-34　ベルリン中央駅（黒川敏雄撮影）

図5-35　ヒカリエ2改札から見える「地宙船」の先端部

図5-36　東横線・田園都市線間の乗り換え通路

†記憶に残らないグラフィックシンボル

空間自体が場面の特性を伝えられない状況のなかで、サイン計画が労を惜しまず進められたことは現場を見るとわかる。特に小さな単位空間では、利用者の視認ポイント想定がフィットしていて、わかりやすく設計されている（図5-37）。

一方で、「渋谷駅は案内表示が少なく、乗り換えがとてもしづらい」と訴える人が大勢いる。見ることが専門のデザインの先生からもそう聞いた。むしろ氾濫と言っていいほど案内があるのに、そうした指摘はなぜ出されるのか。

乗り換え情報はつり下げ型と壁づけ型の二種のサインで提供されている。つり下げ型は掲載量が多く器具が小さいため、表示文字はかなり小さい。年配者は視力が落ちているので、小さい文字は読みづらい。読みづらいものは読みたくないので、当然だが、意識から外される。停車駅案内図などもこの仲間に含まれる。

壁づけ型は、床から天井まで壁を切り取るように路線色の強い色彩が用いられ、そのなかに路線ジンボルが大きく描かれた。壁面はライトグレーだから、この色彩パネルはよく目立つ。しかし肝心の表示文法はつり下げ型と異なってしまった。そのため色彩ばかりが目に飛び込み、乗り換え情報と認められない可能性がある（図3-38）。

田園都市線を「DT」、東横線を「TY」とした路線シンボルの効果も疑われる。「ディーティー」や「ティーワイ」の音は日本人には何の記憶にもつながらないから、イメージを喚起する力が弱い。つまり単なる柄として見えてしまっている可能性がある。

この路線シンボルは外国人に対してもうまく機能しないだろう。一続きの路線に「DT」と「Z」の二つの名前があること自体、ポピュラーでないローカル事情だからだ。前にも触れたが、相互直通運転される伊勢崎線・半蔵門線・田園都市線の全体にシンプルな符号を与えて、世界のどの国から訪れた人でもすぐに理解できるような案内体系を再構築することが、鉄道ネットワーク化の進捗と並行して求められている。

図5-39は、この駅の置かれている状況を端的に表している。もともと十数メートルにわたって用意されていた案内ゾーンに、たびたび表示が追加されて、今日ではもう、どこを見ればいいのかわからなくなっている。

本来ここに地下都市を建設するというなら、地下であっても広場と呼べるような〈集合点〉を設け、それを遠くから望めるような〈街路〉を構築する必要があった。そうした展望もなくつくられた狭隘《きょうあい》な地下通路を、ただ表示にしたがって歩けというのは、人間の本性を無視した対策としか言いようがない。

図5-40はとても乱雑で、このままパブリックの人々に見てもらうのは失礼だと思う。

図 5 -37　ヒカリエ 2 改札から副都心線へ向かう踊り場

図 5 -38　乗り換え通路の柱を利用した壁づけ型案内サイン

図５-39　ヒカリエ１改札周りの案内ゾーン

図５-40　駅周辺案内図の詳細

上の写真は、ヘルシンキ工科大学内の廊下の一角。上質な長椅子と光、そして景色が、室内に豊かな時間と空間をもたらしている。人々が満足したいという意味で、校舎と駅舎に違いはない。この章では、鉄道駅をもっと快適なものにするためのデザインの基本について考える。

第6章

これからの駅デザイン

1　駅デザインに求められるもの

†パブリックデザインという考え方

住宅が私的な空間であるのに対して、駅は公共的な空間と考える見方に異を唱える人はいないだろう。ただ「公共」と言うと〝役所のすること〟と解釈してしまう人もいるので、ここではあえて「パブリック」という言葉を使って以下を考えたい。

まず図6-1を見てほしい。

ピープルというのは一般の人々のこと、アメリカのリンカーン大統領が〝ガバメント・オブ・ザ・ピープル、バイ・ザ・ピープル、フォー・ザ・ピープル（人民による、人民のための、人民の政府）〟と演説したことで有名だ。この図では、同じピープルの館にいる人々が、ある方角からはパブリックに見え、別の方角からはポピュラスに見えることを示している。

パブリックは「共にいる人々、公衆」のこと。共通に開かれた場所にいて互いの存在を認め合う人々。その人々にとって重要なのは、自由や平等など、誰にもある人としての基本的な権利（基本的人権）が侵されず、同時にみんなが気分よくいられるよう（公共の福祉、共にいる人々が幸せでいられる、うまくやっていけるよう）に配慮されていること。パブリックデザインというのは、パブリックを対象にデザインすることだから、共通の場にいる人々が、自由に気持ちよく過ごせるように、また誰一人としてサービスから除外されることがないようにするのがその作業の目標になる。

ポピュラスはパブリックと同じ人々が持っているもう一つの面で、いわば「私にいる人々、大衆」のこと。人にはそれぞれプライバシーがあり、ときには秘密も持つ。

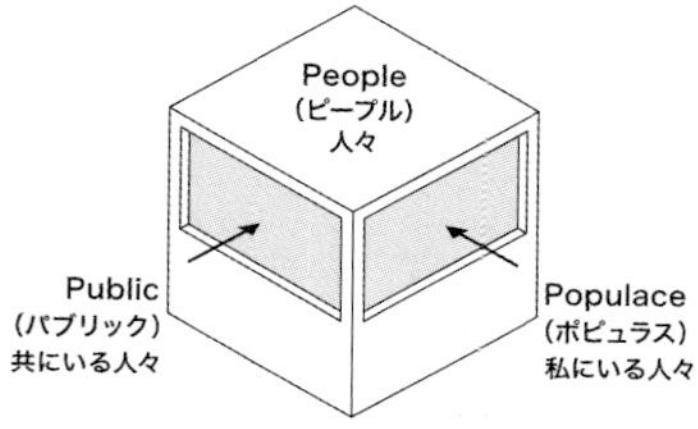

図6-1　人々が持つ2つの側面

誰にとってもプライバシーにまつわる最重要の関心事は、感情と欲求だ。人はものごとに感じて、喜びや悲しみを覚える。そしてその原因をよく思ったり悪く思ったりする。すると今度は、願望や欲望が湧き出てくる。ついにそれに突き動かされて、行動や行為が引き起こされることになる。

あるときあるお店で、とてもいいものを見つけた。あれが欲しい、どうしても欲しい。我慢してお金を貯め、とうとう手に入れた。思わず飛び跳ねたくなるほどうれしくなった。こんなシナリオも感情と欲求が動機として働いている。

商売をするとき、集団としての人々の動機動向、つまり市場の動きをにらんで、売れそうなものやサービスを提供しよう、消費行動につながる商品を見出そうとするのが、マーケティングという考え方だ。つまりマーケティングでは、ポピュラスの感情と欲求の動向をつかむことを最大の課題としている。同じピープルではあっても、意識している対象は、パブリックデザインの場合とまったく別な面になる。

マーケティングの分野では、パブリックデザインよりはるかに広範囲に、売れるものをつくるデザイン、売れるイメージをつくるデザインが行われている。むしろデザインと言えばマーケティングのためのデザインのことをいうのが普通だ。建築デザインや都市デザインであれば公共的につくられているように思われるが、今日ではマーケティングの発想でつくられた建築作品や都市計画も数多い。

マーケティング視点の最大の問題は、とらえている対象が顧客であってすべての人ではないこと、お金を払わない人は相手にしないことだ。駅のように不特定多数の人々の幸せを考える場面に、この観点を持ち込むことは無理がある。

第2章で紹介した横浜ターミナル駅のプロジェクトで、こんなことがあった。

六線が結節するこの駅で、誰もがすべての鉄道の情報を得ることができるコモンサインを検討していたとき、ＪＲ東日本横浜支社のしかるべき立場の人が「東急はＪＲにとって敵。敵の案内はしたくないからこのプロジェクトに協力しない」と言っているとの報が入った。この人の頭にあったのは場面の前提を無視した競争原理、偏狭なマーケティング理論だ。ＪＲの客と東急の客を峻別して、自社顧客の囲い込みを主張した。

東急の客がＪＲの電車に乗りに来ることは誰にでも想像がつくので、マーケティング関係者がみなこのように考えるとは思わない。しかし偏ってしか考えられないリーダーが出てくると、現場は身動きできなくなる。このため工事が何年か滞った。結果的に、パブリックに必要不可欠な情報が提供されない可能性もあったのだ。

パブリックが利用する空間は、開かれていなければならない。それが基本だ。

営団地下鉄のサインシステムが大手町駅で成功を収めたのち、しばらくして設計マニュアルができあがった。そのとき営団の理事は全国の地下鉄に対して、「駅の案内は全国で統一されているほうがわかりやすい。ぜひ使ってほしい」と厚さ五センチもあるマニュアルを無償で配った。実際それを手に入れた京都、名古屋、福岡、札幌などの地下鉄で、同様なシステムが次々に導入されていった。このエピソードは、当時の鉄道関係者なら誰でも、パブリックデザインによって得られたノウハウは、公開されるのは当然だと思っていたことを示している。

†トータルデザインという考え方

第1章で述べたように、鉄道駅には駅出入り口、改札外コンコース、きっぷ売り場周り、改札内コンコース、ホームなどの単位空間がある。その単位空間相互の連続関係をつくり出すのが空間構成計画だ。

駅の空間は床、壁、天井などの空間構成要素でかたちづくられ、実際には、ほかにさまざまな物品も加わって成り立っている。たとえばエレベーターやエスカレーターなどの昇降設備、トイレ内の衛生設備、ほかにもさまざまな設備があり、案内サイン、電光掲示板、商業広告、改札機、券売機、ベンチ、売店などもある。また空間には明るさがあり、物品には形状や大きさ、色彩、テクスチャー（質感）がある。

駅を人々が快適だと感じられるようにつくり上げるためには、空間構成計画を進めながら、同時に空間内に現れるさまざまな物品の形状や大きさ、色彩、テクスチャーについて、全体的なバランスを見ながらまとめていく手順が欠かせない。人々はその全体を見てはじめて、駅に対する印象を抱くからだ。

ものの形や大きさ、色彩、テクスチャーは光によって現れる。したがって光の当て方や光の色によって、ものの見え方は著しく異なる。光には太陽による自然光と、人工光源による光（照明）がある。照明の役割には、ものが見えるように照らし出す機能のほかに、見る人に感覚的、感情的反応を促す機能もある。

色彩によってさまざまな感情が引き起こされることはよく知られている。暖色と寒色、興奮色と沈静色、派手な色と地味な色などの呼び分けは、こうした効果が生じることを示している。石や金属など塗色によらない材質は、光が反射して表面に現れる色と光が透過して奥に現れる色が複雑に混ざり合い、色に深みを感じさせる。

このように、視野に入るすべての物品の外観にかかわる要素全般を見ながら計画を進める考え方を、トータルデザインという。実はさらにもう一歩奥に、影響度合いがもっと大きい深層のトータルデザイン課題が潜んでいる。

たとえば商業広告があることで、せっかくつくりあげた空間秩序が台無しになっている例はよく見かける。この商業広告は鉄道会社の収入になるので簡単には排除できないが、質の高い、好感を持って受け入れられるものであるよう期待されている。

パブリック空間というのは、金さえ払えば好き勝手にわめき散らしていい場所ではない。なぜなら、それはプライベートな欲求だから。パブリック空間は、そこにいるすべての人が楽に気持ちよくできるようにつくる必要があって、そうした整備を支援したい人だけが、スポンサーとして氏名表示を許されるべきなのだ。

券売機や改札機も、人々の感覚とかかわりの深い機器だ。昔の券売機は単能機といって、決まった額のコインを入れれば、すぐにきっぷが出てくるものだった。運賃制度がシンプルになれば、機械も情報もシンプルになる。

またドイツ各都市の地下鉄には改札機が置かれていない。乗客を信頼して、改札（ふだ改め）という関門を設けることをやめてしまった。つまりストレスの原因になる管理の考え方そのものを取り除いたわけだ。世界には、そんなところもある。

†デザインの検討体制

一九七二年に開通した横浜市営地下鉄の駅デザインに携わった建築家の高橋志保彦は、開業後、「空間のデザインというより、いわばメーキャップのデザインに従事した」と深く検討にかかわることができなかった立場を嘆いた（『新建築』一九七三年五月号）。

それから三十二年後に開通したみなとみらい線でも、馬車道駅の設計者・内藤廣は、「建築家が駅のデザインにかかわる場合、建物の本体はすでに決まっていて、そのあとの化粧を考えるだけのことが多い」「こうしたやり方では、建築家が建築的な能力を発揮するのにも限界がある」と指摘している（『駅再生――スペースデザインの可能性』）。

つまり何年経っても、縦割りの駅のつくり方は、一貫して変わっていない。

日本の駅づくりの根本的な欠陥は、土木部門が構造を考え、建築部門が内装を仕上げるという、総合的な人間環境のイメージを欠いた検討体制にある。第5章で紹介したように、東急東横線渋谷駅が悲惨な状況になっているのは、そのことに遠因があり、またそのことと闘わなかった建築家に社会的な責任放棄の過《あやま》ちがある。

土木部門は、短くとも全長何十キロかの軌道工事やトンネル工事を進めるとき、その間にあるわずか二〜三百メートルの区間（つまり駅部）もひっくるめて、一気に設計を進めてしまう。そのときならうのは基準（つまり前例）にある駅構造だ。その基準が優れていれば何も言うことはないが、実はそれが長く混乱を生んできた元凶であったりする。

都営大江戸線の飯田橋駅を設計した渡辺誠は、当局にとって大事だったのは、過去につくりあげた基準とコスト、それにメンテナンスフリー（のちに手がかからないこと）、駅は使えればいいと考えているようだったと述べている（引用同前）。この五十年ぐらいの間、多くの鉄道会社の駅づくりで、土木部門が本気で駅に集散する人々の快適さを考えたことはなかったのではないかと思う。

土木部門に、パブリックデザインとトータルデザインを考えられる人材が、ぜひとも必要である。駅の空間構成のよしあしが、人々の幸せに決定的な影響を与えてしまうからだ。日本の鉄道駅がヒューマンな視点を取り戻すために不可避な組織改革と断言できる。

2 空間構成の方策

†ストレスを軽減する

大都市のターミナル駅や地下鉄駅など、規模が大きくて人工的な環境でできている駅で感じるストレスを少しでも軽くする空間構成上の方策には、①自然光を取り入れる、②外の景色を見えるようにする、③地下駅では地上と連続していることを感じられるようにする、④駅をできるだけ開いてつくる、⑤方向感覚が失われないようにする、⑥できるだけ大きな空間をつくる、などが考えられる。

①適度な自然光はホルモンの分泌や血液の濃度調節、発汗作用など健康的な生理反応を促し、心理的にも不安感やうつ状態を抑えるなどの効果があるといわれている。これらから、自然光の採光は快適空間への第一歩と言える。地下であれば第3章で紹介した仙台市地下鉄提案のようにドライエリアを設ける（九〇頁の図3-7参照）、地上の建物であればロンドンの国際列車駅のようにトップライトを工夫する（一三五頁の図4-4参照）、などの方法がある。

②地下勤務者への複数のアンケートで、「外で何が起きているかわからない不安」が指摘されていた。地上駅であっても閉じられた空間であれば、同様な不安が指摘されるだろう。実は当たり前にある外の景色、たとえば空、樹木、建物、看板、信号、自動車、人々などの全体は、自然の状況や社会の動きを伝える大事な機能を持っている。こうした考えから、仙台市地下鉄で昇り庭を提案し（八六頁の図3-1参照）、東京メトロの六本木一丁目駅と京橋駅のサンクンガーデン（二一四頁の図5-29、30参照）を評価した。

③地下駅は地中に埋められているから、どこにあるかわからない。地上と地下に高低差があること自体、スムーズな移動を阻んでいる。地上と連続した感覚が残る地下駅にするには、先述したサンクンガーデンを用いることのほかに、駅出入り口の幅をできるだけ広く取る、駅出入り口の天井をできるだけ高く取る、植栽など地上の景観要素を地下まで連続させる、などの方法がある。

④人は自分のいる空間が狭ければ狭いほど閉塞感を覚える。この感覚をできるだけ避けるために、林立する独立柱をできるだけ少なくし、また細く仕上げる、動線上の視界をふさぐ壁面は設けない、仕切り壁にはできるだけ大きい開口（切り抜き部分、穴）を設ける、ガラスなどの透明材の利用を工夫する、などの方法がある。

⑤方向感覚が失われないようにするには、単位空間の配列を動線に沿ってシンプルに組

み立てる、階段部分が特に方向感覚を失う場所なので、可能な限り吹き抜けにして、全体的な空間のつながり方がわかるようにする、などの方法がある。

⑥ニューヨークのグランドセントラル駅で紹介したように（一六六頁の図4-34参照）、大きな空間は気持ちいい。このことは、わたしたちが屋外の高い空、広い海辺で経験する感覚と一致している。屋外と屋内の雑踏では、圧迫感が少ないことからも、断然、屋外のほうがいいのは明らかだ。駅ではきっぷ売り場周りや改札口など人々が集まる空間には、利用者の規模に応じて土木的に大きな空間が求められる。みなとみらい線馬車道駅の改札ホールは優れたデザイン事例だ（図6-2）。

図6-2　馬車道駅の改札ホール

駅の魅力を高める

駅の魅力を高める方策に、①駅ごとに固有の雰囲気を持たせる、②地域にある固有のテーマを表現する、③単位空間ごとの雰囲気に変化を与える、④ホームにスクリーンドアを設けてインテリア化を図る、⑤他の交通モードとの複合化を図る、⑥一段とバリアフリー化を進める、などが考えられる。

①ある鉄道で駅ごとに個性があって、それぞれの空間が活気に満ちていれば、そこを利用することは楽しくなる。ワシントンのユニオン駅はその好例だ（一五八〜九頁の図4-26、27参照）。駅の個性は駅ごとの識別にも役立つ。

図6-3　国際展示場駅のコンコース

図6-3は一九九六年に開業したりんかい線国際展示場駅。東京ビッグサイトのイベントで乗客が集中することに備えて、例を見ないほど広く、天井の高いコンコースがつくられた。天井から下がっているのは、この路線全体で駅を識別しつつ楽しんでもらうためにデザインした駅文様をプリントしたバナー（垂れ幕）だ。

②地域には必ず地形的な特徴、都市環境的な特徴、歴史的な特徴がある。こうした特徴のうち、うまく駅のデザインに応用できるものがあるなら、それはとてもいいことだ。ただ駅の造形に適した素材が見つからない場合は、無理につくり出すこともない。浮ついていないこと

のほうが重要だ。

③一つの空間で統一性が強調されすぎると、圧迫感が出て窮屈かつ退屈になる。均質にしすぎない配慮が必要だ。〝人だまり空間〟や〝流動空間〟など、単位空間ごとに変化のある空間構成が望ましい。空間ごとのスケール（大きさの度合い）を変える、形を変える、もののサイズ（計測的な寸法）を変える、色彩を変える、テクスチャーを変える、などの方法がある。

図6-4はりんかい線東京テレポート駅の地下ホームだ。このホームの一部には天窓から自然光が落ちてくるが、写真のように光の届かないところは対照的に、人工照明の美しさを楽しんでもらえるようつくられた。

図6-4　東京テレポート駅のホーム

④バリアフリー化施策の推進で、近年都市鉄道に可動式ホーム柵（転落防止のためホーム全長に設けられる柵で、電車のドアの部分が開閉できる設備）の設置が増えている。転落防止対策は急がれるのでやむを得ない面もあるが、ホーム幅員を広げずに設置するため、人が歩ける空間は狭くなっている。

本来であればスクリーンドアを設けて、人が絶対に乗り越えることがないように、またその内側で人々が気持ちよく電車を待てるように、照明や空調などをきちんと整備することが望ましい。特に地下駅では、列車風への不満も多い。その点、北京の地下鉄は対策が進んでいる（一七八頁の図4-45参照）。

図6-5　南北線市ヶ谷駅のホーム

国内では、一九九一年に部分開業した東京メトロ南北線で、地下鉄ではじめてスクリーンドアが導入された（図6-5）。北京と比べるとこちらのほうが壁画まで用意されて、利用者への配慮が行き届いている。対向壁は明るいほうがホームを広く感じられるし、絵のあるほうがそこにいて楽しい。

⑤連絡する他の交通手段が一体的に考えられている（たとえば一九五頁の図5-12）、⑥どの出入り口にもエレベーターがあり、ホーム行きのエレベーターが主動線上に置かれ、エスカレーターは上り下り両方が備わっている、などが望まれるのは高齢社会では当然のことだ。

3　案内サイン計画の注目点

†路線名のユニバーサルコード化を探る

第5章のJR新宿駅で、中央本線、中央線快速、中央線・総武線（各駅停車）の識別の難しさを指摘した。また東急東横線渋谷駅で、相互直通運転される東武伊勢崎線（最近はスカイツリーラインと呼ばれる）、東京メトロ半蔵門線、東急田園都市線の全体にシンプルな符号を与えて、世界のどの国から訪れた人でもすぐに理解できるような案内体系を再構築することが必要だと述べた。

今首都圏の鉄道ネットワークは、それ自体、相当複雑には違いないが、その表示において、輪をかけるように状況を複雑化している。その根本原因は、システム本体は首都圏一円に広がっているのに、ネーミングについて自然発生的なローカルコード（地域限定でしか理解されない名称）にこだわり続けているからだ。

そもそも今日のネットワーク化は、一九五五年に運輸省（現、国土交通省）が発表した『交通白書』に端を発する。そのなかで①路面電車から地下鉄への転換、②都市近郊路線の輸送力強化、③都心と近郊を結ぶ直通相互乗り入れの実施、の提言があり、具体案を検討するため都市交通審議会が設置されることになった。一九七〇年に決定された東京圏の都市高速鉄道網には、九号線・喜多見～綾瀬、十号線・調布～東大島《ひがしおおじま》、十一号線・二子玉《ふたこたま》川園《がわえん》～日本橋室町などの記述が見られる。

すなわち東京圏の鉄道ネットワークは、もともと鉄道会社の枠を超えて、首都圏全域をにらんで決められていたのだ。中間に東京メトロ半蔵門線をはさむ東武から東急に及ぶ路線を全部まとめて、単に「十一号線」ととらえるほうが、断然わかりやすい。

ＪＲの問題も考えてみよう。

中央本線は、東京（東京都）・塩尻（長野県）・名古屋（愛知県）間を走り、都市と都市を結ぶ鉄道だ。中央線快速は東京と高尾（東京都八王子市）間、中央線・総武線（各駅停車）は千葉（千葉県）・御茶ノ水（東京都）・三鷹（東京都三鷹市）間を走り、いずれも同じ首都圏内の地点同士を結ぶ鉄道だ。

かつての国鉄（ＪＲグループの前身）は、路線を輸送人員によって幹線と地方交通線に区分して、異なる運賃制度を適用した。ＪＲもこの分類を引き継いでいるようだ。運賃制度はさておき、利用者の理解のしやすさから判断すると、路線区分を移動規模で考えて、路線名をどことどこを結ぶ列車かととらえるほうがよいように思える。

つまり中央本線は「都市間鉄道」、中央線快速と中央線・総武線（各駅停車）は同じ「地域鉄道」で別路線と考える。またＪＲグループが持つ新幹線は、法律上は高速の幹線だが、これはどうみても別格の「新幹線鉄道」だ。加えて大都市圏には、先に十一号線で例示したように、ＪＲ以外の地下鉄や近郊鉄道が運行されていて、これらは「都市圏鉄道」としてまとめることができる。

さてローカルコードの対極にあるのがユニバーサルコードだ。世界中の人々が理解できるような符号のことを指す。今日、英語で用いられる二十六字のアルファベットと、１から９、０のアラビア数字が、圧倒的に広範囲の人々に理解されている。またいくつかの色彩が候補に残る。

路線名コードに使える色彩は数色程度と限界が大きい。営団地下鉄では、わたしがかかわったときすでに十一路線の建設計画があったので、路線色を採用はしたが、必ず文字も併記する方法をとった。現在ワシントン地下鉄やストックホルム地下鉄では、路線案内が色彩だけで行われているが、各々わずか六線と三線だ。

コードに使えるアルファベットは二十六、つづればもっと増えるが、日本社会への浸透度と印象に残る度合いを勘案すると、一字使用で七〜八文字程度が識別可能な範囲ではないか。その点、アラビア数字の理解度は広く、二桁程度は使えそうだ。

余談ながら、アルファベットの一部に日本でいうローマ字があり、ローマ字のことを世界ではラテン文字という。またアラビア数字は日本では算用数字とも呼ばれるが、もとはインドでつくられて、ヨーロッパにはアラビアから伝わった。

ここでハンブルク運輸連合が一九六五年から導入した方式を思い出してみよう（八一頁の図2-46参照）。そこでは国鉄は「S」、地下鉄は「U」に区分されていた。それを首都圏の状況に当てはめてみると、次のようなアイデアが浮かぶ。

すなわち路線の共通コードを、新幹線鉄道は「S」、都市間鉄道は「J」、地域鉄道は「R」、都市圏鉄道は「M」とする。そして路線ごとに、中央本線は「J4号線」、中央線快速は「R7号線」、中央線・総武線（各駅停車）は「R8号線」、東武スカイツリーライン・東京メトロ半蔵門線・東急田園都市線は「M11号線」と呼ぶ。「S」「J」「R」は日本の鉄道で五十年以上使われてきたイニシャルだからなじみがある。「M」は日本では比較的短いが、世界では何十年にもわたって使われているシンボルだ（数字は仮置き）。

こうした符号体系で新しく首都圏の鉄道ネットワークが案内されれば、日本人を含めて世界中の人々が、極めて明瞭な情報を得ることが可能になる。

ただしこうした案内体系の再構築を一つの鉄道会社で行うことは不可能だ。鉄道会社同士が集まって協議会をつくる方式でも、おそらく無理だと思う。

こうした仕組みは、ニューヨーク一円の地下鉄や地域線の統一的運行サービスの提供のためにつくられたMTA（州立交通公社）のような、既存組織に縛られず統率力を発揮できる場で議論されないと、現実の話にならない。国土交通省に、ネットワーク化で後回しになった不便と混乱問題の抜本的解決に乗り出す決意を求めたい。

†多言語表示の問題

最近、公共的な場の案内サインに、日本語、英語のほか、韓国語、中国語を表示する例が増えている。また六年後にオリンピックを控えて、案内サインではどのように多言語対応したらいいかという議論も、東京都や鉄道会社の間で行われているようだ。

わたしは二〇〇六年に国土交通省が「公共交通機関における外国語等による情報提供促進措置ガイドライン」を策定するとき、検討会に委員として参加した。そうした経験を踏まえて以下を記したい。

結論は、このガイドラインにあるとおり、むやみな多言語化はせずに、「情報提供は、ユニバーサルデザインの観点から、日本語、英語、ピクトグラムの三種類による言語を基本とする」のがよい。ピクトグラムとは、トイレを男女の人型で表すなど、シンプルな絵を用いて意味内容を表すものだ（視覚言語の一つといわれる）。

同じガイドラインに、「ホスピタリティの観点から、韓国語や中国語等、英語以外の外国語でも情報提供を行うことがさらに望ましい」との文章もある。これを載せるとき、案内サインでは煩雑にならないかと懸念を述べたが、解説に「煩雑にならないよう十分に留意する」と書くことで了承が求められた。

そののち、いろいろな現場を見てきて、四カ国語を表示するために表示面サイズを大きくした例はひとつもない。それまで日本語と英語のあったところにこの二言語を押し込んで、総じて文字が小さくなった。つまりサインとしての性能が落ちたわけだ。

改めて考えると、すべての人々への伝達効果を妨げてまでしたことが、実際にはあまり役立っていないのではないかという疑問、またパブリックな空間で、韓国と中国から来た人々に特化したサービスは果たして正当かという疑問を感じている。

まず事実関係を見てみよう。

鉄道の案内表示で使う用語には、「入り口」「出口」「お手洗い」「きっぷ売り場」など普通名詞によるものと、○○線△△駅などのように固有名詞によるものがある。普通名詞はそれぞれの国の母語に翻訳して意味を伝えることが可能だが、固有名詞はその読み方を伝えることが翻訳の役目になる。

「入り口」「出口」などは、場面自体もその意味を伝えるので、母語での表示の必要度は低い。たとえ「出口」漢字の意味がすぐにはわからなくとも、一、二度、駅を経験すれば、すぐにその意味を理解できるようになる。「SORTIE」としか表示しないフランスで、出口がわからなくて困った、という話は聞いたことがない。

「お手洗い」「きっぷ売り場」などは、ピクトグラムによる伝達が世界中で行われている。仮にその意味がわからなくとも、場の設えや機器配置から、それらが何であるかすぐにわかるようになる。つまり各母語表示が絶対必要、という普通名詞は見あたらない。

固有名詞について、韓国語に使うハングルは表音文字だから、これが表示されていると発音の見当はつく。しかし母音・子音の組み立ては日本語とまるで違うので、結局、万国共通のラテン文字つづりを参照しないと日本語音に近づけない。

固有名詞の中国語への翻訳は、日本漢字を中国本土の簡体字に直す方法がとられているが、音はまったく伝わらない。彼らは「東京（とうきょう）」を「ドンジン」と読んでいる。発音を知りたければ、やはりラテン文字つづりに頼るほかはない。

韓国人にとっても中国人にとっても、普通名詞で示される程度のことは英語とピクトグラムがあれば十分で、むしろ固有名詞の読み方や、制度、仕組みの複雑さのほうが難解だ。このうち路線名の対策は、前の項で述べた。制度や仕組みの内容は、その国の言葉で全部が書かれた案内書のようなものでなければ理解できるはずはない。

最近、韓国語や中国語の表示が増えているのは、それらを母語とするお客さんが増えているからだ。お店であれば大歓迎もわかるが、パブリック空間となると、そうは言っていられない。たとえめずらしい母語を使う国から訪れた少数の人たちでも、共に気分よく過ごせるように受け入れるのが基本だからだ。来訪者が多いから案内サインに書くとすると、減少すれば削除、つまりサービス打ち切りという考え方も生まれかねない。パブリック空間では、利用者を顧客（お得意さん）ととらえる考え方は戒めなければいけないのだ。

†ストレスのかからないグラフィックデザイン

案内サインの画面をデザインするとき、人々にストレスのかからないものにするために、特に注意したいことが三つある。

その一つ目は、必ず、どこから見るかという視距離（見る対象物と見る人の眼球との間の距離）に基づいて、表示物の大きさを設定することだ。

見えるということは、目の水晶体を通して対象の像が網膜に映るということ。同じ大きさのものも近くで見れば大きく見えるし、遠くになると小さくなってしまう。視力の定義は、区別できる二点間の最小距離を角度で表したもの。図6-6に示した一・五ミリの隙

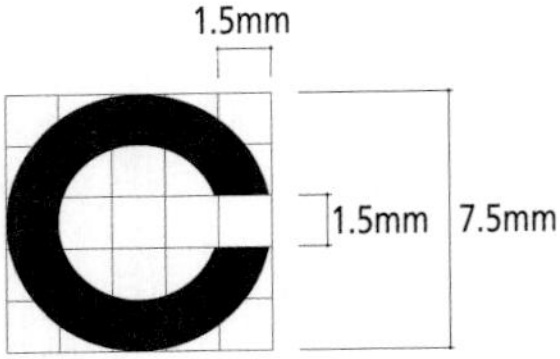

図6－6　視力検査で使う視力1.0の視標

間を五メートル離れた位置から見分けられるとき、視力は1・0になる。同じ視力の人が十メートル離れた位置からこの隙間を見分けるには、環を二倍の大きさにする必要がある。

文字でも同じことだ。十メートル離れたところから見る文字の大きさに天地四センチが必要だとしたら（バリアフリー整備ガイドライン漢字の大きさ基準）、二十メートル離れたところから見えるようにするには、天地に八センチが必要である。

世のなかにはこうした判断を行わないで、当てずっぽうに設計したサインがあふれている。見るものを見やすい位置に、見やすい大きさに表示できると、見る人にストレスはかからない。

二つ目は十分な余白を確保するということ。画面のなかで文字や図形が描かれていない部分が余白だ。これが大きいということは、同時に、表示されている情報の量が少ないことも意味する。

高速道路を走行中の標識の見方は、瞬間的に標識を見てすぐに路上に目を移し、しばらく走行したのち、また瞬間的に標識を見て再び路上に目を移す。この瞬間的な視認を繰り返して、表示されている情報内容を理解するといわれている。この短時間に情報の内容がわかるように、道路標識では十分な余白を確保するレイアウトが工夫されている。鉄道駅のサインも同じことだ。人々は道路標識の場合とまったく同じように判断と行動を行っている。瞬間的に対象を視認して効率よく情報を得るのに、余白が大きく、読み取り対象の少ないほうが有利なことは、経験的に明らかだ。

図6-7は小田急新宿駅南口の乗り換えと出口の案内サイン。特にここは人通りが激しいので、うかうかしていると突き飛ばされてしまう。そこでこのサインでは、瞬間的に情報を得やすいように、十分な余白が確保されている。

図6-7　小田急新宿駅南口コンコース

三つ目の注意点は、わかりやすさを生み出す表現技法に十分配慮すること。その技法には以下のようなものがある。①分類する（種類に分ける）、②序列化する（優先順位をつける）、③象徴化する（記号的なものに置き換える）、④簡素化する（シンプルに描く）、⑤純一化する（無駄なものをそぎ落とす）、⑥統一する（一つのかたちにまとめる）、等々。

図6－8　営団時代の駅周辺案内図

図6-8は、一九八九年に営団地下鉄の三越前駅に設置した駅周辺案内図（地上地下関連図）だ。身体座標と体感距離に基づいて描くと同時に（三七頁参照）、街があり、駅があり、出口があり、目印となる建物があるというように、この場面が持っている秩序関係を、線の太さや色彩など、表現上の強さに序列を決めて描いた。

パブリック空間に置く案内サインのグラフィックデザインは、最大限わかりやすくなるようにあらゆる表現技法を駆使して、共にいる人々に快適さを提供するために描かなければならない。

おわりに

駅をもっとわかりやすくするために、一九七〇年代からさまざまなプロジェクトに取り組んできたけれども、今日なお、相変わらず多くの駅で、日々人々が混乱を繰り返している。とりわけ大都市の鉄道駅では、空間構成や案内サインを抜本的に見直さなければ、決して、その場はわかりやすく快適なものにはならないだろう――この本では、そういったことを具体例を示しつつ書いた。

このような提案に対して、次のように考える人がいるかもしれない。

JR新宿駅のホーム全体を一つの屋根で覆ってしまい、南口デッキをホームのどこからでも見えるようにしたり、東急東横線渋谷駅のホームを人が歩いたり待ったりできるように幅を拡げて、地下コンコースに広場と見通しのある街路を設けたりすることなど、お金がかかり過ぎてできることではない。

また駅の案内サインをわかりやすくするのはいいが、駅はわが町の玄関だし、その沿線に住んでいることが自分たちの誇りでもある。そのように長年親しんできた路線名を変えてしまうなど、とんでもない。わが路線、わが駅のある地域の歴史や文化を捨てるような考えには賛成できない。

ここで、わたしたちが抱えている混乱の大きさに、もう一度着目してほしい。

日本の都市圏人口は首都圏が三千七百万人、中京圏九百万人、近畿圏一千九百万人（二〇一〇年国勢調査）。上海が二千三百万人、ニューヨークが二千百万人というから、日本の首都圏をしのぐ人口規模を持つ都市圏は、世界にはないのだ。

第1章で書いたように、首都圏、中京圏、近畿圏を合わせた鉄道利用者は五千六百万人。そのうちおそらく一千万人を超える人々が、毎日駅で不便と不快を感じていると想像され、その状態が五十年も続いている。こんなにも膨大な数の人々が、途方もなく長い間苦しんできて、どうしてその改善策を真剣に検討しようとしないでいられるだろう。

二〇一〇年の交通センサス（国が行う調査）で調査対象となった鉄道会社（交通局を含む）の数と路線数は、首都圏で三十七社百三十六路線、中京圏十五社五十三路線、近畿圏二十五社百九路線。こうした数の会社や路線を、これまでどおり会社ごとにローカル事情で決めてきた名前のままで、誰がその全体を把握できるだろう。

巨大なピラミッドを崩すのは蟻の一穴からできるが、つくり上げるにはマスタープランから始めないと、完成にたどり着けない。ほんとうはどうすればいいのか、そのビジョンを持たないで、対策など考えようもないのだ。

古代ローマの時代、ローマ人たちは紀元前三世紀から後二世紀までの五百年間に、地中海一帯に幹線だけで八万キロ、支線を加えると十五万キロのローマ街道網を完成させた（日本の現在の鉄道網は二万七千キロ）。幹線にはすべて石が敷き詰められ、車道と歩道が分離されていた。今でもその道は各所に残って、使われている。

日本でも鉄道分野では、一八七二年の新橋・横浜間二十九キロの開業を皮切りに、東海道線、東北線、山陽線などを次々に敷設し、明治時代が終わるまでの四十年間に、北は青森から南は鹿児島までの鉄路を完成させている。鉄道大国日本の礎だ。

ローマ街道も日本の鉄道網も、余裕があったからできたわけではない。より高いところで必要との判断があって、何としてもやり抜いたのだと思う。必要は発明の母とは、昔から言われることだ。

重要なのは、より高いところで必要との判断があることだ。それができるのは、現代では、パブリックを真剣に思う人しかいない。

日本人は世間には最大限の気遣いをするが、社会には疎いといわれる。「世間」とは、親類や会社の上司・部下、仕事仲間、趣味仲間、同窓会、隣近所など、自分の身内から知り合いまでの範囲。その向こうにいる、まったく知らない人々は含まない（阿部謹也）。

パブリックを思う人は、そうとばかりはしていられない。パブリックは、そこで暮らす老若男女はもとより、人種、国籍、言語、文化、障害の有無の別を越えて、共にいる人々すべてを指すからだ。

二〇二〇年に東京でオリンピック開催が予定され、その年までに二千五百万人の外国人が訪れる国にしたいとの観光立国策が示されている。その成功に近づくには、日本の大都市をパブリックに開き、真の国際都市へ変えていくほかはないと思う。

最後に、筑摩書房の松田健氏からいただいたたくさんのアドバイスに謝意を表したい。

赤瀬達三

二〇一四年十二月

ちくま新書
1112

駅《えき》をデザインする

二〇一五年二月一〇日 第一刷発行

著者 赤瀬達三（あかせ・たつぞう）

発行者 熊沢敏之

発行所 株式会社 筑摩書房
東京都台東区蔵前二-五-三 郵便番号一一一-八七五五
振替〇〇一六〇-八-四一二三

装幀者 間村俊一

印刷・製本 三松堂印刷 株式会社

乱丁・落丁本の場合は、左記宛にご送付下さい。
送料小社負担でお取り替えいたします。
ご注文・お問い合わせも左記へお願いいたします。
〒三三一-八五〇七 さいたま市北区櫛引町二-六〇四
筑摩書房サービスセンター 電話〇四八-六五一-〇〇五三

ISBN978-4-480-06816-3 C0265